ÇERVANTES ÍNTIMO

ÇERVANTES ÍNTIMO

Amor y sexo en los Siglos de Oro

JOSÉ MANUEL LUCÍA MEGÍAS

PLAZA & JANÉS

Papel certificado por el Forest Stewardship Council®

MIXTO
Papel | Apoyando la silvicultura responsable
FSC® C117695
FSC
www.fsc.org

Penguin Random House Grupo Editorial

Primera edición: septiembre de 2025

Printed in Spain – Impreso en España

ISBN: 978-84-01-03722-1
Depósito legal: B-12.123-2025

Compuesto en M. I. Maquetación, S. L.

Impreso en Black Print CPI Ibérica
Sant Andreu de la Barca (Barcelona)

L 0 3 7 2 2 1

A Pablo M. Moro,
compañero y cómplice en este viaje,
como en tantos otros de la vida

Uno es escribir como poeta y otro como historiador: el poeta puede contar o cantar las cosas, no como fueron, sino como debían ser; y el historiador las ha de escribir, no como debían ser, sino como fueron, sin añadir ni quitar a la verdad cosa alguna.

Quijote, II, cap. 3

Índice

De viaje

Querida lectora, tienes en tus manos una tarjeta de embarque muy especial. Ah, que eres lector. No importa, este viaje es para todos, una propuesta tan genuinamente universal como el personaje al que retrata. José Manuel Lucía ha construido una obra de divulgación en el mejor sentido, cuando los ensayos trascienden la disertación académica y consiguen llevarse al huerto a los más profanos, y hasta a algún ilustre ignorante, como yo. Pero, sobre todo, y ahora hablo como guionista, este libro es un maravilloso divertimento, escrito desde el corazón y el humor, en justa consonancia con el tono y el talante que envuelve la obra de Miguel de Cervantes.

No nos engañemos. Volver a Cervantes, a su figura y su tiempo, a veces da un poco de pereza, quizá porque es lo primero que nos hicieron estudiar en el colegio: nació, vivió, murió... Es ese inmutable y etéreo señor mayor con barba, lechuguilla en el cuello y una mano oculta en la chaqueta del que muchos creen que no hace falta saber nada porque ya lo saben todo. Y, sin embargo, como demuestra este libro, nada más lejos de la realidad. Con una mirada a la vez fresca, rigurosa, honesta y valiente, Lucía nos invita a repasar aspectos de su azarosa vida y la de sus coetáneos desde un nuevo prisma, huyendo de los grandes titulares que alimentaron mitos y clichés a lo largo de los siglos, para permitirnos descubrir a un Cervantes posible, tangible y real, un ser *humano*, complejo, con sus grandezas y flaquezas, como los personajes que pueblan sus novelas.

De nuevo como guionista, no me gustaría anticipar y destripar las fascinantes cuestiones que el autor plantea ya desde la primera línea, alguna desarrollada como ficción en mi proyecto cinematográfico *El cautivo*, para el que conté con su inestimable supervisión. Así que solo añadiré mi profundo agradecimiento por permitirnos a todos, cervantistas acreditadas, cervantistas aficionados y no cervantistas, lectoras y no lectores, asomarnos al alma y la intimidad de un escritor legendario, y ya puestos de toda una época, y pasarlo en grande. Se trata sin duda de una empresa osada, casi quijotesca, pero nadie mejor que José Manuel Lucía Megías, cargado de desparpajo, ironía y mucho Cervantes a sus espaldas, para quitar a sus insignes estatuas y retratos el polvo y alguna que otra telaraña y llevarnos a conocer a ese tipo que, además de gran escritor, comía, bebía, reía y, sin lugar a dudas, follaba.

Buen viaje.

ALEJANDRO AMENÁBAR

Introducción

Pero, entonces, ¿Cervantes era homosexual o no?

¿No te sucede, curioso lector, que hay preguntas que te persiguen como uno de esos estribillos que no puedes quitarte de la cabeza? Uno cree que ha conseguido olvidarlo, y, de pronto, ¡zas!, aparece sin esperarlo detrás de una esquina, y te acompaña durante todo el día.

A mí, durante los quince años que llevo trabajando en la vida de Cervantes, me sucede con la pregunta: «Pero, entonces, ¿Cervantes era homosexual o no?».

Un amigo o un conocido que se acerca con una sonrisa, una mano que se levanta en medio del salón de actos al finalizar una conferencia o, simplemente, un alumno en mitad de una clase.

Siempre la misma pregunta.

Y siempre el deseo de una contestación irrefutable, como si estuvieran delante del oráculo de Delfos y solo admitieran un sí o un no como respuesta.

Y siempre contestaba de la misma manera: un agarrarse a ese «no» de la misma pregunta para responder, pero dejando al final unos puntos suspensivos de duda.

Y siempre me quedaba con la misma sensación: una enorme pereza, como me sucede con otros tantos temas cervantinos y quijotescos que llenan horas y horas de conversaciones y, lo peor, páginas y páginas de presuntas investigaciones de iluminados que se venden como la piedra Rosetta para comprender el significado oculto (y, por tanto, el único verdadero) de la obra de Cervantes (especialmente del *Quijote*).

¿Por ejemplo?

Convertir la geografía literaria del *Quijote* (una obra de ficción, no se olvide) en un territorio al que se puede ir en coche o en tren (en especial el archiconocido y archirrepetido tema de dónde situar en el mapa el *lugar* de la Mancha «de cuyo nombre no vale la pena acordarse»).

O buscar en la realidad de la época a las personas que inspiraron a los personajes quijotescos, llegando, incluso, a publicar partidas de bautismo de algunos de sus protagonistas literarios, como si Cervantes fuera un cronista local antes que un poeta universal.

¡Con todo lo que nos queda por leer y por comprender para dedicarle un solo segundo a estas fruslerías, a estos temas tan de tertulia dominical mezclada con el sopor del vino peleón y de la deseada siesta!

Y no diré que estaba como en suspenso en mi estudio, con el papel delante, la pluma en la oreja, el codo en la mesa y la mano en la mejilla, pensando lo que diría, sin saber cómo seguir adelante con mis propias investigaciones cervantinas, cuando me encontré en la pantalla del ordenador, en octubre de 2022, con el siguiente titular de la entrevista que le hicieron en la Cadena SER a Álvaro J. Sanjuán (conocido como Otto Mas en su red social), que acababa de publicar el libro *Grandes maricas de la historia*: «Cervantes era homosexual y eso no le hace peor escritor ni peor persona».

¿Esta doble afirmación había salido de la boca de Álvaro J. Sanjuán, que durante años había seguido la pista, en un tono distendido y ameno, de algunos «grandes» maricas a lo largo de los siglos: Alejandro Magno, Leonardo da Vinci, Isaac Newton, George Washington,

Montaigne… terminando, de una manera provocadora, con Miguel de Cervantes?

¿Qué me había perdido para que el filólogo e historiador pudiera afirmar, con la rotundidad de los estribillos veraniegos, que Cervantes era homosexual? Ni sodomita ni tampoco que hubiera mantenido relaciones homoeróticas durante su estancia en Roma o en Argel, por ejemplo. Así, sin ninguna duda: «Cervantes es homosexual».

¡Cómo le gusta una afirmación escandalosa a un titular!

Hasta aquí podía llegar, pero ¿la segunda de las afirmaciones? ¿Qué tiene que ver la homosexualidad de Cervantes (en caso de que admitamos pulpo como animal de compañía) con ser mejor o peor escritor, o mejor o peor persona?

A la altura del tercer decenio del siglo XXI, ¿aún estamos a vueltas con este tipo de prejuicios en relación con la sexualidad de nuestros escritores? ¿Acaso tendría sentido un titular del tipo: «Lope de Vega era heterosexual, y eso no le hace peor escritor ni peor persona», siendo conocida su larga lista de conquistas y las continuas mujeres y amantes con que compartió su cama, incluso después de haber sido ordenado sacerdote?

Pero aquel titular y las páginas que Álvaro J. Sanjuán dedica a Cervantes en su libro —que me compré al momento— me pusieron delante el espejo de mi propia impostura: el tema estaba ahí, era una cuestión que interesaba y que sigue interesando. Solo hay que hacer una sencilla búsqueda en Google para toparnos con la radiografía de un interés que va más allá de la literatura. Con solo poner en el buscador «Cervantes y homosexualidad», se recupera la cifra escandalosa de 754.000 resultados.

Pero, sobre todo, quedaba claro que es un tema que merece ser estudiado, desde una perspectiva científica, entendiendo en su contexto cada uno de los aportes, y alejándose de los titulares impactantes y de los brochazos críticos, que siempre nos llevan a la casilla de salida, que nos impiden avanzar en el conocimiento.

¿No había yo también condenado a Cervantes a seguir viviendo sin su sexualidad, del tipo que sea? ¿No había obviado el tema en las mil páginas que le dediqué a su vida en los tres tomos de mi propia biografía cervantina publicada por Edaf entre 2016 y 2019?

Y ahora sí, con el ordenador abierto, el Pilot en la oreja, el codo en la mesa y la mano en la mejilla, pensando si debería intentar comprender y hacer comprensible el universo homosexual en la época de Cervantes, recordé, como si entrara en mi estudio a deshora, las palabras de mi buen amigo Pablo Peinado, «gracioso y bien entendido», que lleva años insistiendo en que este tema merece un libro y que no hay nadie mejor que yo para escribirlo, pues a mi conocimiento biográfico de Cervantes y de la época que le tocó vivir, se une mi militancia activa en los movimientos LGTBI+, además de mi propia condición de homosexual, lo que me aleja de toda sombra de prejuicio sobre el tema.

«Si no lo escribes tú, ¿quién lo va a escribir?».

Y esta pregunta se ha convertido, en estos últimos meses, en la verdadera pregunta iniciática en este viaje que comienza en la construcción del Cervantes-mito para terminar en la necesidad de rescatar al Cervantes-hombre si queremos acercarnos al tema de su sexualidad.

La biografía de Cervantes es una construcción a lo largo de los siglos, donde se han entrelazado, de una manera inevitable, la escasez de datos documentales con la necesidad de convertirlo en modelo de conducta según los patrones imperantes en cada momento histórico.

Cervantes —siendo el más universal de nuestros escritores— se ha convertido en símbolo de España, de lo español. De ahí que su vida, ese Cervantes-hombre con mil matices, voces y ecos que vivió casi setenta años entre los siglos XVI y XVII, se ha terminado por simplificar en una única voz, en una precisa imagen del Cervantes-mito. Una construcción en la que se ha impuesto un determinado imaginario ejemplar y heroico, que, inevitablemente, lo aleja del Cervantes que vivió en esa época fascinante que conocemos como Siglos de Oro.

Se equivocan los que defienden que Cervantes siempre ha sido el mismo Cervantes desde que murió hasta nuestros días, que su imagen mítica, tal y como hoy la entendemos, se construyó y se impuso en el siglo XVII.

Me temo que Cervantes es mucho Cervantes.

Igual que se equivocan los que creen que la única forma de conocer a Cervantes es destruir esta imagen mítica ejemplar y heroica, y lo intentan hacer defendiendo nuevos mitos, que más tienen que ver con las construcciones del presente que con el conocimiento del pasado, como si el mito fuera fuente de conocimiento.

Esta es nuestra limitación, pero también nuestro desafío.

Por esto te animo a acompañarme en este viaje donde analizaremos la construcción de antiguos mitos cervantinos (vida ejemplar y heroica) como de otros nuevos (su homosexualidad).

Un viaje que tiene solo un puerto de llegada: Cervantes-hombre.

Solo desde esta perspectiva estaremos en condiciones de comprender un poco mejor la sexualidad cervantina, una sexualidad que —ayer y hoy— vive en un inestable equilibrio entre los deseos personales y las imposiciones y limitaciones sociales, que se van transformando con el paso del tiempo.

Los mitos necesitan de un relato en una única dirección, de titulares impactantes e incisivos y de una estructura perfecta de cada uno de sus argumentos.

Todo lo contrario de lo que sucede con la vida.

Todo lo contrario de lo que a muchos nos interesa: comprender y acercarnos al Cervantes-hombre, al hombre que vivió en una época —y en una literatura— fascinante, y que fue capaz de regalarnos unas obras geniales que también se han llenado de mitos y de lugares comunes, de un mármol que las aleja de los lectores más jóvenes.

Un viaje donde vamos a dejar atrás los titulares, la dictadura de las tertulias televisivas, un «sí» o un «no» que tiene que ver más con la fe que con la ciencia.

Te invito a que comencemos juntos este viaje para rescatar al Cervantes-hombre, con todas sus contradicciones y con todos sus aciertos (como lo son los nuestros en la cotidianidad de nuestros actos y decisiones).

Partimos de unas ideas y de un índice provisional —que es una especie de cuaderno de bitácora de nuestra travesía—; aunque serán muchas las sorpresas que encontremos a lo largo de las próximas páginas.

O eso espero.

CERVANTES Y LOS MITOS

I. CERVANTES-HOMBRE, ESE OSCURO OBJETO DE DESEO

La increíble historia del autor menguante

No me cabe ninguna duda de que Miguel de Cervantes murió con una sonrisa en los labios. Llegaba al final de sus días, a aquel 22 de abril de 1616, sabiéndose dueño de su destino y habiendo puesto los cimientos literarios para que su nombre perdurara en el tiempo.

Lo había dejado todo atado y bien atado... o, al menos, eso es lo que él creía.

Unos días antes, no sin cierta dificultad y con letra dolorida, había terminado la carta al conde de Lemos, esa que debía encabezar su novela de aventuras, *Persiles y Sigismunda*, esa novela que era la culminación de su trabajo literario, gracias a la que conseguiría fama inmortal como escritor. ¡Qué emoción compartida al imaginar su última escritura, esta carta que, para mi admirado Luis María Anson, es su último poema!

> Ayer me dieron la extremaunción, y hoy escribo esta; el tiempo es breve, las ansias crecen, las esperanzas menguan, y, con todo esto, llevo la vida sobre el deseo que tengo de vivir...

«El deseo que tengo de vivir»...

Pero ha llegado el momento de terminar de escribir, de poner fin a una vida llena de aventuras y desafíos, de desencuentros y de amarguras, y de comenzar a disfrutar de la «eterna vida» de la fama.

Ha llegado el momento de dejar de ser hombre y comenzar una nueva etapa en que la literatura será su único territorio.

¿Puedes imaginar otro final para quien ha dedicado los últimos tres años de su vida a publicar un particular programa literario con el que reivindicarse como uno de los mejores escritores de su tiempo?

Y, a pesar de los dolores y de la sed que sentía por su enfermedad, sonríe al mirar el manuscrito de su *Persiles y Sigismunda*. Sabe que no lo verá en forma de libro impreso, pero ahora eso no importa. Cuando se publique, su éxito será la prueba de que tenía razón.

Y no se equivocó.

Al menos, no se equivocó en aquellos primeros años del siglo XVII, pues el *Persiles*, desde que su viuda Catalina de Salazar lo publicara en 1617, gozó de un enorme éxito de ventas tanto en España como en Europa, con continuas reediciones y traducciones.

Ninguno de sus escritos había llegado tan lejos.

Ni el primer éxito del *Quijote* de 1605 y, mucho menos, el fracaso de la segunda parte del *Quijote*, la de 1615, que no consiguió ni vender todos los ejemplares de la primera edición. Solo el éxito editorial de las *Novelas ejemplares* estaba a la altura de la majestuosa difusión del *Persiles*.

¡Y cómo hubiera sido la sonrisa de nuestro Miguel de haber podido leer los versos que le dedicó Lope de Vega en su *Laurel de Apolo* catorce años después de su muerte! ¡Versos que hacían realidad sus deseos! Y Lope de Vega, el genial Lope de Vega no podía equivocarse en su juicio.

En la batalla, donde el rayo austrino,
hijo inmortal del Águila famosa,
ganó las hojas del laurel divino
al rey del Asia en la campaña undosa;
la Fortuna envidiosa
hirió la mano de Miguel Cervantes;
pero su ingenio en versos de diamantes

los del plomo volvió con tanta gloria,
que por dulces, sonoros y elegantes,
dieron eternidad a su memoria:
porque se diga, que una mano herida
pudo dar a su dueño eterna vida.

«Versos de diamantes» que «dieron eternidad a su memoria»... Y Lope de Vega a la altura de 1630 no podía equivocarse... «pudo dar a su dueño eterna vida».

Todo estaba saliendo como Miguel lo había imaginado y como se había esforzado en los últimos años para que fuera así... ¡por fin el triunfo parece que llamaba a su puerta!

¡Aunque fuera el triunfo después de la muerte!

Pero me temo que Miguel hubiera dejado de sonreír si alguien le hubiera vaticinado en aquel momento que, en efecto, llegaría a ser famoso, que gozaría de la eternidad de la fama, pero que lo sería por haber escrito el *Quijote*.

¡Precisamente, el *Quijote*!

¿Qué locura hubiera pensado Cervantes si alguien hubiera podido predecir que él, el autor de todo un original programa literario, terminaría por convertirse en EL autor del *Quijote*, solo EL autor del *Quijote*?

¿Acaso hubiera sonreído Cervantes al saber cómo, a medida que el *Quijote* no dejaba de imprimirse, traducirse, imitarse por toda Europa, su nombre y su recuerdo comenzaban a menguar?

¿Cómo es posible que la primera parte del *Quijote*, aquel libro de caballerías que escribiera para el librero Francisco de Robles en 1605, terminara por ser el más impreso y traducido de todos los libros que había escrito? ¿Quién en su sano juicio pudiera esperar algo de la segunda parte del *Quijote*, la que imprime en 1615 como respuesta al *Quijote* falso de Avellaneda, dado a la imprenta un año antes, y que fue un verdadero fracaso editorial en su momento?

Si Cervantes hubiera tenido noticia del éxito europeo de su *Quijote* a lo largo del siglo XVII, se echaría las manos a la cabeza sin entender nada.

Cervantes se ha convertido en el ejemplo paradigmático del autor menguante, el autor que queda reducido a una de sus obras, dejando en un segundo plano el resto de su escritura. Aún hoy en día tenemos que seguir haciendo esfuerzos por reivindicar al Cervantes poeta o al Cervantes dramaturgo, como si los más de cuarenta mil versos que escribió en su vida hubieran sido un capricho.

Y del Cervantes novelista, ¡que levanten la mano aquellos que hayan leído alguna otra cervantina que no sea algunos capítulos del *Quijote*!

Y este tiempo de silencio alrededor de Cervantes a medida que avanzaba el siglo XVII y el *Quijote* iba triunfando más en Europa que en los territorios de la Monarquía Hispánica, es un lugar propicio para la construcción de mitos.

Y hacia ellos nos encaminamos.

«Un tal de Saavedra»: Cervantes se vuelve personaje (por él mismo)

1580 es un año crucial en la vida de Cervantes.

Es el año en que será liberado por los frailes trinitarios de su cautiverio en Argel.

Es el año de volver a Madrid con treinta y tres años, de intentar conseguir una merced para hacer frente a las deudas contraídas por el pago del rescate (a los frailes y a sus hermanas, que utilizaron sus dotes para liberar a sus hermanos).

¿Cómo no le va a conceder Su Majestad una merced después de todos los servicios prestados como soldado desde su participación en la batalla de Lepanto, sin olvidar los cinco años de cautiverio?

Esta es la pregunta que se hace Cervantes —y también su familia— en los primeros meses de 1581 cuando llega a Madrid.

Pero esta es también la pregunta que se hacen miles de pretendientes que asimismo han llegado a la corte para hacerse con su particular merced, con uno de los puestos vacantes en la cada vez más compleja administración de la Monarquía Hispánica de Felipe II.

Todos ellos, soldados. Muchos de ellos, cautivos.

Cervantes no es más que uno de los miles que solicitan alguna merced y que se han convertido en un grave problema para Madrid, que ve cómo muchos de ellos terminan convirtiéndose en mendigos al no encontrar respuesta a sus peticiones.

Pero Cervantes cuenta con un as bajo la manga: la literatura de cautivos es muy popular en aquella época, y gusta, sobre todo, en los recién creados corrales de comedias. Muchos escritores de comedias se acercan a pretendientes que han sido cautivos para que les cuenten su historia, detalles de Argel para así tener argumentos que llevar a las tablas.

Cervantes no tiene que preguntarle nada a nadie: él ha permanecido durante cinco años cautivo, su escritura puede enriquecerse con sus propias experiencias: de este modo, podrá ganarse sus buenos ducados como autor teatral o mediante novelas que pudieran tener una circulación manuscrita.

¿Y por qué no aprovechar este interés por la literatura de cautivos para difundir sus méritos como soldado y como defensor de la fe cristiana en Argel? ¿Acaso no es esta una buena estrategia para que su petición de merced sobresalga sobre los miles de peticiones similares que llegan a los distintos Consejos de la Monarquía Hispánica?

Manos a la obra.

De este modo, no debe extrañarnos que el Cervantes-escritor introduzca a personajes con el apellido Saavedra en algunas de las obras que escribe a su vuelta de Argel. El Cervantes-pretendiente va a hacer uso del ingenio del Cervantes-escritor para apoyar sus peticiones creando a un Cervantes-personaje que es un modelo de conducta heroica y ejemplar.

Y el uso de Saavedra (o Sayavedra) como nombre de este Cervantes-personaje hay que entenderlo también como una clave de lectura de la época. La primera vez que va a aparecer el apellido Saavedra en una portada de un libro de Cervantes será en el *Quijote* de 1605: «Compuesto por Miguel de Cervantes Saavedra». Y con estos dos apellidos se imprimirán las portadas del resto de sus obras.

¿Por qué Miguel de Cervantes Saavedra y no Miguel de Cervantes Cortinas, que era el apellido de su madre? ¿Acaso decide utilizarlo para «ennoblecerse», teniendo en cuenta los orígenes de hidalguía leonesa de los Saavedra? Así lo hará Lope de Vega con su apellido Carpio y tantos otros, antes y después de que lo hagan ellos.

Pero con nuestro autor siempre hay que tener cuidado con este tipo de interpretaciones, sobre todo cuando se hace sin tener en cuenta el tiempo, su tiempo de vida y de literatura.

¿Por qué introducir un personaje que se llama Saavedra (o Sayavedra) en obras ambientadas en Argel, donde se da cuenta de aspectos de la vida de Cervantes durante el cautiverio? ¿Por qué no llamarlo directamente Cervantes o un tal de Cervantes? ¿Hay alguna explicación que relacione Saavedra con Argel, como si fuera una clave de lectura?

La respuesta es afirmativa, y la encontró hace unos años la siempre encantadora y sorprendente Luce López-Baralt: el apellido «Saavedra» sería la adaptación al español del mote por el que era conocido Cervantes en los baños de Argel: *Šayb aḏ-ḏirā‘* (pronunciado *Shaibed*), es decir, «el del brazo estropeado». De este modo, con solo citar «Saavedra», Miguel incorpora como apellido lo que no era más que un mote en tierras argelinas. Un mote que se vuelve hidalgo en la fonética castellana.

De este modo, la aparición de un «Saavedra» literario no hemos de leerla como fuente de «datos históricos» ni mucho menos como confesión de un cautivo traumatizado por su paso por Argel, sino como una estrategia personal vinculada directamente a su tiempo de escritura: la construcción literaria de un personaje (Saavedra) para apoyar las demandas del autor (Cervantes) para conseguir un oficio en la corte.

¿Y cómo es este Cervantes-personaje escrito por el propio Cervantes?

¿Con qué hilos teje su personalidad y la imagen que quiere ofrecer de sí mismo?

Comencemos con *Los tratos de Argel*, una de las comedias que Cervantes estrena en los corrales de comedias a su vuelta del cautiverio en 1580. Al inicio de la cuarta jornada entran en escena los cautivos Pedro y Sayavedra. El primero, un pícaro que se aprovecha de la buena fe de los cautivos cristianos para conseguir el dinero de su rescate, confiesa a su compañero su deseo de renegar —falsamente— para obtener su libertad. Sayavedra no puede quedarse callado y hace un alegato contra el reniego —uno de los grandes peligros durante el cautiverio—. Y los argumentos del Sayavedra cervantino terminan por ser tan convincentes, que le hacen desistir a Pedro de su plan inicial.

Termina la escena con una despedida donde se dibuja a Sayavedra como ese cautivo ejemplar que no solo piensa en su libertad personal, sino que es esencial para mantener la ortodoxia cristiana en un contexto tan poco propicio como los baños de Argel:

> PEDRO
> ¡Mis obras te darán señales ciertas
> de mi arrepentimiento y mi mudanza!
>
> SAYAVEDRA
> ¡El cielo te dé fuerzas y te quite
> las ocasiones malas que te incitan
> a tener tan malvado y ruin propósito!
>
> PEDRO
> El mesmo a ti te ayude, cual merece
> la sana voluntad con que me enseñas. (Vv. 2271-2276).

Con el ropaje como valedor de la fe cristiana en tierras de moros se viste el primer personaje Saavedra: «la sana voluntad con que me enseñas».

La segunda de las alusiones saavedrianas aparece en la *Historia del cautivo* en el capítulo 40 de la primera parte del *Quijote*, en que el capitán Ruy Pérez de Viedma cuenta su historia en tierras de moros. Una obra que los críticos defienden que pudiera estar ya escrita alrededor de 1590.

Para dar credibilidad a su relato, a su propio personaje, Cervantes utilizará una estrategia narrativa muy común en la época: junto a los datos de ficción entrelazará algunas noticias «verdaderas» sobre Argel, que bien conoció en sus cinco años de cautiverio, para dar un aire de historia a lo que no deja de ser ficción, creación poética.

Y así, el capitán Ruy Pérez —que llega a Argel siendo cautivo del futuro rey, Hazán Bajá— recordará, junto a costumbres de los baños, la gran crueldad de su amo, y los orígenes de su buena fortuna que le llevará de ser rey de Argel con poco más de treinta años.

Pero es citar Hazán Bajá y salir a relucir su crueldad contra los cristianos, un lugar común en la literatura de cautivos de la época. Y en este momento del relato el capitán recuerda a un compañero del cautiverio, «tal de Saavedra», que era conocido por todos por su gran valentía y su deseo de alcanzar la libertad. Y así describe Cervantes a ese Cervantes-personaje en boca del capitán cautivo:

> Solo libró bien con él un soldado español llamado tal de Saavedra, el cual, con haber hecho cosas que quedarán en la memoria de aquellas gentes por muchos años, y todas por alcanzar libertad, jamás le dio palo, ni se lo mandó dar, ni le dijo mala palabra; y por la menor cosa de muchas que hizo temíamos todos que había de ser empalado, y así lo temió él más de una vez; y si no fuera porque el tiempo no da lugar, yo dijera ahora algo de lo que este soldado hizo, que fuera parte para entreteneros y admiraros harto mejor que con el cuento de mi historia. (I, cap. 40).

Ya contamos con el segundo traje confeccionado para dar una determinada imagen del Cervantes-personaje: el valiente soldado español que solo busca la libertad, aun jugándose la vida en el intento.

Pero ¿por qué Hazán Bajá se comportó de una manera tan diferente a su naturaleza de sádico con el «tal de Saavedra»? Por ahora, todo es silencio.

¿No le interesa al escritor Cervantes concretarlo?

¿O no le interesa al hombre Cervantes que se sepa?

De esta manera, el soldado Cervantes, que ha estado cautivo durante cinco años, tiene algo para diferenciarse de los miles de pretendientes que se encuentran en su misma situación y la literatura vendrá en su ayuda: una literatura que le permite ganarse sus buenos maravedís (las comedias) y una literatura que le permite mostrarse con sus mejores galas heroicas: como un defensor de la fe católica en un espacio hostil y como valiente soldado que solo intenta la libertad y, además, lo hará siempre ayudando a otros cautivos argelinos.

Y en este momento entra en escena una de las citas cervantinas que más vamos a repetir a lo largo de nuestra travesía: la distinción que existe entre escribir como poeta y escribir como historiador, a partir de una tradición que se remonta a Aristóteles:

> Uno es escribir como poeta y otro como historiador: el poeta puede contar o cantar las cosas, no como fueron, sino como debían ser; y el historiador las ha de escribir, no como debían ser, sino como fueron, sin añadir ni quitar a la verdad cosa alguna. (*Quijote*, II, cap. 3).

Cervantes siempre escribe como poeta. Incluso cuando se convierte a sí mismo en personaje de ficción.

¿Hasta cuándo vamos a seguir transformando a Cervantes-poeta en Cervantes-historiador? ¿Hasta cuándo vamos a seguir utilizando sus textos literarios como fuente documental para concretar su vida —o la vida de sus personajes?

Si el capitán cautivo —o el licenciado Vidriera años después— dice que estuvo en los tercios de Flandes, ¿hemos de buscar documentación para justificar que Cervantes también participó en ellos?

Si se indica, en un juego retórico propio de la época, que el *Quijote* comenzó a idearse en una cárcel, ¿hemos de buscar la cárcel concreta donde Cervantes pudo escribirlo?

Y si, por poner un último ejemplo, Cervantes escribe que un personaje de ficción como Alonso Quijano vive en un «lugar de la Mancha», ¿acaso vamos a pensar que ese lugar es un espacio geográfico concreto donde hoy viven miles de personas?

«Uno es escribir como poeta y otro como historiador…».

¡Y menudo personaje ha escrito el poeta Cervantes de sí mismo! ¡El personaje que está en el origen de su mito heroico y ejemplar!

Pero ¿realmente fue así el Cervantes-hombre? ¿Acaso fue tan heroico y ejemplar su comportamiento durante los cinco años de su cautiverio en Argel o es solo una más de sus geniales ficciones?

Tiempo al tiempo.

El tiempo, gran escultor, o la importancia de llamarse Cervantes

Hace más de treinta años que subrayé estas palabras en mi ejemplar de *El tiempo, gran escultor*, de Marguerite Yourcenar, editado por la editorial Alfaguara:

> El día en que una estatua está terminada, su vida, en cierto sentido, empieza. Se ha salvado la primera etapa que, mediante los cuidados del escultor, le ha llevado desde el bloque hasta la forma humana; una segunda etapa, en el transcurso de los siglos, a través de alternativas de adoración, de admiración, de amor, de desprecio o de indiferencia, por grados sucesivos de erosión y desgaste, la irá devolviendo poco a poco al estado de mineral informe al que la había sustraído su escultor.

¿Qué le llevó a aquel adolescente que era yo a subrayar este párrafo en concreto? Recuerdo vagamente que por aquellos años el paso del tiempo era una de mis obsesiones. No importa. Aquel joven estaba subrayando —sin saberlo— una de las líneas de investigación en que he desarrollado mi carrera, ya sea estudiando los libros de caballerías castellanos, a Cervantes, a Emilia Pardo Bazán o a José Luis Sampedro: la necesidad de recuperar el tiempo de la vida, de la escritura, de la primera recepción como elemento esencial de análisis científico.

Cuando el 22 de abril de 1616 muere Cervantes en Madrid, pone fin a su vida, a ese Cervantes-hombre que es el punto de llegada de nuestro viaje.

Y, como la estatua recordada por Yourcenar, comienza en este momento una «segunda etapa»: una nueva «vida», esa «eterna vida» de la fama a la que tanto empeño dedicó durante sus últimos años. Pero, como he repetido en las páginas que ya llevas leídas, nada en esta construcción cervantina será como él la había pensado.

El último de los volúmenes que dediqué a la biografía de Cervantes, el subtitulado «Una vida de papel» y publicado en el año 2019 por la editorial Edaf, estaba pensado para dar cuenta de *La plenitud de Cervantes*, es decir, los últimos veinte años de su vida. Allí me aventuré a plantear la existencia de un «programa literario» particular de Cervantes, publicado al final de su vida. Un programa literario entreverado con su biografía y alejado del mito del «príncipe de los ingenios» que se impondrá en el siglo XIX y que tiene como centro y señor el éxito mundial del *Quijote*.

Si hemos de pensar en la relación de Cervantes con la escritura, tendríamos que hablar de dos periodos bien diferenciados: por un lado, el que va desde sus primeros poemas de juventud a la publicación y primera difusión de la primera parte del *Quijote* (1605); y, por otro, el «programa literario» que comienza a dar a la luz pública de la impresión a partir de 1613 hasta el final de su vida

¿Quieres participar en un juego de ficción literaria?

¿Qué imagen tendríamos de Cervantes y de su relación con la literatura si hubiera muerto en 1612, a los sesenta y cinco años, y solo conserváramos de él los textos de su primer periodo?

Hagamos un repaso a las obras que había escrito hasta este momento: unos poemas de circunstancias en su juventud (para celebrar el nacimiento de la infanta Catalina Micaela o para lamentar la muerte de la reina Isabel de Valois, la mujer de Felipe II), un poema durante su cautiverio en Argel para apoyar su petición de un puesto en la corte (*Epístola a Mateo Vázquez*, que solo será conocido a partir del siglo XIX), algunos romances y otros poemas difundidos de manera manuscrita, diversas obras de teatro estrenadas a su vuelta de Argel, con cierto éxito, en los primeros corrales de comedias (de las que solo conservamos *La Numancia*, *Los tratos de Argel* y *La conquista de Jerusalén*) y dos novelas: un libro de pastores (*La Galatea*) y un libro de caballerías (la primera parte del *Quijote*), alguna que otra novela difundida de manera manuscrita (como *Rinconete y Cortadillo* o *La tía fingida* o, quizá, la *Historia del cautivo*)... y nada más.

¿Cuántos escritores en los conocidos como Siglos de Oro podían presentar un currículum literario semejante?

Alguna docena, sin duda... o algunos más.

Miguel de Cervantes, a sus sesenta y cinco años, sería un escritor que, de no haber publicado nada más, no hubiera pasado de las notas a pie de página en muchos de los manuales de literatura que estudian esta época... Hasta aquí, páginas geniales (sin duda), pero nada nuevo en el conjunto de escritores y de folios, igualmente, geniales, escritos durante estos años.

Pero en 1613 todo cambia: comienza Cervantes en este momento, con sesenta y seis años, a dar forma editorial a un programa literario en que venía trabajando desde hacía tiempo, y que imprimirá, en solo cuatro años, las obras que muestran claramente su genialidad: en la narrativa con el «tesoro de pasatiempos» de las *Novelas ejemplares* (1613) y la pericia de su novela de aventuras, una muestra de narrativa culta y de prestigio: *Persiles y Sigismunda* (1617); así como en la poesía, con su sátira literaria *Viaje del Parnaso* (1614); o en el teatro: *Ocho comedias y ocho entremeses nuevos, nunca representados* (1615), y dejando en el tintero otras obras, como la continuación de *La Galatea* o *Las semanas del jardín* o el «famoso» *Bernardo*, un poema épico con todos los rasgos propios del género.

Todas estas obras se relacionan con los ámbitos más cultos y de prestigio de la época. Las únicas que le podrían dar «eternidad de su memoria», después de muerto.

Y en medio de este programa literario, en que cifraba Miguel de Cervantes la «eterna vida», y que he denominado «la vida de papel», irrumpe como un vendaval la impresión en 1614 del *Segundo tomo del ingenioso hidalgo don Quijote de la Mancha*, firmado por un tal Alonso Fernández de Avellaneda.

¿Por qué citar ahora este texto, te estarás preguntando? Para mí, como para muchos cervantistas, esta obra, conocida como el *Quijote* falso, es esencial para que Cervantes terminara la segunda parte de su *Quijote*, que ya había anunciado en 1613. ¿Te imaginas el *Quijote* sin esta segunda parte, que es la más genial, la más innovadora? Y lo es porque, en este caso, la vida atraviesa la literatura y la vuelve genial. Una genialidad que, a su vez, ha atravesado a millones de lectores desde su publicación en 1615.

Desde esta perspectiva, ¿acaso no hemos de replantearnos todo lo que sabemos sobre Cervantes? ¿No estamos «traicionando» de manera literaria a Cervantes cuando colocamos al *Quijote* en el centro de su obra, marginando el programa literario al que dedicó los últimos años de su vida?

El *Quijote* no fue, en absoluto, la obra que tuvo más éxito durante su vida. Serán los siglos venideros los que lo han colocado en el lugar central de las letras occidentales.

Colocar cada aspecto de la vida y de la obra de Cervantes en su tiempo nos dará algunas claves de su interpretación.

Tres negaciones del Cervantes-hombre antes de que cante un gallo

Toda memoria es una construcción, un relato que vamos perfilando y modificando a lo largo de la vida. ¿Cuántos *yo* he sido en mis cincuenta años? Abro el álbum de fotos y me quedo mirando algunos de mis rostros y me pregunto: ¿quién era yo en aquellos años de universidad en Alcalá de Henares, justo en la universidad en la que no pudo estudiar Cervantes? ¿O quién aquel viajero por tierras de China o en la Patagonia? ¿O ese joven que no sabía jugar al frontón en su pueblo segoviano y que tenía fama de rarito? Me miro en el espejo y aún hoy me sigo preguntando quién soy *yo*, y, seguramente, mañana repetiré el gesto y la misma pregunta.

Y delante del ordenador no puedo dejar de pensar: ¿cuántos Miguel de Cervantes vivieron en este Miguel de Cervantes que, con el tiempo, ha quedado reducido a «El autor del *Quijote*»?

¿Un autor fracasado en su tiempo, incomprendido, reducido a cuatro palabras en la definición de su amigo, el licenciado Francisco Márquez al final de su vida: «Viejo, soldado, hidalgo y pobre»?

¿Con cuántos Cervantes-hombre vamos a encontrarnos en nuestra travesía?

¿O acaso no serán también todos ellos un relato, una construcción, como lo somos nosotros mismos, la memoria que dejamos de nosotros mismos con el paso del tiempo?

Vuelvo a mirarme al espejo del ordenador, dejo de teclear estas palabras que estás leyendo y me digo que no lo sé, que no sé si llegaremos a buen puerto del Cervantes-hombre. Incluso me pregunto: ¿y no será este Cervantes-hombre al que nos dirigimos también una ficción, mi propia ficción a medida que voy escribiendo estas páginas?

«Uno es escribir como poeta y otro como historiador».

¿Es posible que pueda dejar de ser poeta, incluso cuando pretendo ser filólogo? ¿O es inevitable vivir instalado en la tierra de nadie entre «lo que fue» y «lo que debió ser» cuando miramos hacia atrás, a los siglos que nos separan del Cervantes-hombre?

Sí, curioso lector, lo sé: me he puesto estupendo al inicio de este capítulo. ¡Casi parezco un argentino porteño en el diván del psicoanálisis!

Pero lo que sí que tengo claro es la siguiente pregunta: ¿hasta cuándo vamos a seguir negando al Cervantes-hombre? ¿Hasta cuándo vamos a seguir dando por históricos algunos de los mitos que nos han enseñado en la escuela y que se han convertido en piedra angular de su imagen actual, aunque sabemos, desde hace muchos años, que son falsos?

Antes de que cante un gallo imaginario en este amanecer en que estoy escribiendo estas páginas, quiero compartir contigo tres lugares comunes que se repiten en las biografías cervantinas, y que en realidad son tres negaciones del Cervantes-hombre, tres falsedades como la copa de un pino.

Seguramente, algunas de ellas (o todas) las has oído en alguna ocasión.

Primera negación: Cervantes tuvo como oficio ser escritor.

Segunda negación: Cervantes fue un escritor incomprendido y fracasado en su tiempo.

Tercera negación: Cervantes no tuvo suerte con las mujeres de su familia, en especial con sus hermanas, a las que se las ha llamado «damas cortesanas» cuando no directamente putas.

Comencemos por la primera de las negaciones, como tiene que ser: el «oficio de escritor».

Oficio y literatura son dos palabras que no encajan en los Siglos de Oro. A finales del siglo XVI se ponen las bases de las industrias culturales que, pasados unos siglos, permitirán a un pequeño grupo de escritores vivir de los beneficios de sus obras. Por aquellos años vivieron un cambio de paradigma (igual que nosotros lo hemos vivido a finales del siglo XX y principios del XXI).

Es el momento del inicio de los corrales de comedias (es decir, de los teatros cerrados, por los que se cobra una entrada para ver el espectáculo) y es el momento del best seller en la imprenta (y el mejor ejemplo es la novela picaresca del *Guzmán de Alfarache* de Mateo Alemán, en cuya estela quiere también navegar el *Quijote* cervantino).

Los escritores consiguen un beneficio económico directo por su trabajo: la venta de los textos teatrales o de las licencias de impresión. Faltan siglos para hablar de derechos de autor, de copyright y de otros beneficios amparados en la industria editorial. Pero ahora se ponen los cimientos y se abre una tercera vía para poder vivir de la escritura, más allá de contar con un mecenas o con unas rentas propias que le permitan sobrevivir al margen del éxito literario.

Habrá que repetirlo las veces que haga falta: escribir no es un oficio en los Siglos de Oro, pues no permite unas ganancias permanentes. Hasta Lope de Vega estuvo detrás de un oficio, de un cargo —como el de cronista de la villa de Madrid— que nunca consiguió. El mismo Lope de Vega que fue capaz de morir rico gracias a las «musas rameras» (y es expresión salida de su pluma y recordada por el siempre brillante Alejandro García Reidy). Desde este punto de vista, a Cervantes o a Lope de Vega, entre otros tantos escritores del momento, ¿hemos de considerarlos unos fracasados porque no consiguieron un oficio, una merced?

Y, por otro lado, si la escritura no era un oficio, ¿de qué vivió Cervantes durante toda su vida? ¿Cómo se ganaban él y su familia las habichuelas?

Pues de mil maneras. Y en eso, hay que reconocer que Cervantes-hombre fue un hijo de su tiempo, un hombre en continua construcción. Y también hay que reconocer que fue un trabajador infatigable, que intentó todas las posibilidades que se le pusieron a su alcance, con mejor o peor fortuna, como a cualquiera de su época. En esto, el Cervantes-hombre no fue nada excepcional (aunque sí digno de admiración), y quizá merecedor de la Medalla al Mérito en el Trabajo.

De sus primeras pretensiones de conseguir un oficio de secretario en Madrid (o quizá en Roma), pasamos a su etapa de soldado en los tercios italianos, participando en varias batallas, entre las que destaca, ¡cómo no!, la batalla de Lepanto. Y después de los cinco años cautivo en Argel, no deja de solicitar una merced para ocupar uno de los oficios vacantes en la administración como pago a sus servicios a la Corona.

¿Qué sabemos de sus peticiones de «merced»? Que nunca pasaron de ser meras peticiones, que nunca su nombre apareció en la terna que se le presentaba a Felipe II para que eligiera al mejor candidato. En compensación, se le ofreció ser durante unos años comisario real de abastos por tierras andaluzas, y posteriormente él va a solicitar ser recaudador de impuestos atrasados por Granada.

Y aquí se acaba la historia de sus posibles trabajos con los documentos conservados en la mano.

Y aquí comienzan las teorías, ese Cervantes-hombre que imaginamos como poetas aunque no podemos certificar como historiadores: el Cervantes agente de negocios, comerciante de vino y tinajas (de ahí su conocimiento de Esquivias y el Toboso), comerciante en Sevilla con harina para hacer bizcocho, el alimento esencial en la Flota y Armada americana e, incluso, empleado en la librería de Francisco de Robles, para el que haría toda una serie de trabajos editoriales… y junto a ello, las ganancias puntuales de la venta de sus comedias, de las licencias de impresión de sus obras, algunos premios literarios de segunda fila… y poco más. O quizá mucho más: el trabajo diario de las mujeres que formaban parte de su núcleo familiar, a las que volveremos más adelante.

Segunda negación: ¿hasta cuándo vamos a seguir repitiendo que Cervantes fue un fracasado en su tiempo, un incomprendido, según lo inventaron en el siglo XVIII?

En la aprobación de la segunda parte del *Quijote* (1615), el licenciado Márquez Torres, amigo de Cervantes, se hace eco de la sorpresa que se llevaron los caballeros franceses que han llegado a Madrid al oír que Cervantes vive pobre al final de su vida: «Pues, ¿a tal hombre no le tiene España muy rico y sustentado del erario público?». Y frente al silencio en España, los caballeros, unas líneas antes, no habían dejado de alabar cómo su nombre era venerado en Francia, y lo era por el éxito de *La Galatea* y de las *Novelas ejemplares* (apunte para navegantes: nada dicen del *Quijote* en sus elogios).

Pero, según lo que siempre nos han contado y repiten los profesores en sus clases, parece que solo el *Quijote* gozó del éxito editorial.

Pero ¿realmente sucedió así?

Te voy a dar un dato. O tres, para ser más exactos.

El *Quijote*: 3 ediciones en 1605 (dos en Madrid y una en Valencia) y dos ediciones piratas en Lisboa… y poco más en los próximos años: 1607, 1608… 1610.

Las *Novelas ejemplares*: 10 reediciones en los primeros años de su difusión, entre 1613 y 1622.

Y el *Persiles*, el gran best seller de Cervantes: 6 ediciones en el año 1617, otras dos al año siguiente, que es también el año de su primera traducción al francés... un éxito editorial imparable en sus primeros años de difusión.

Así lo había soñado Cervantes antes de morir. Y así sucedió en los primeros tiempos de su difusión.

No son las cifras de las ventas del *Guzmán de Alfarache*, el Pérez-Reverte de la época, pero las cifras del *Persiles* son semejantes a las ventas de una Rosa Montero o un Lorenzo Silva. No está nada mal.

¿Acaso podemos decir de estos dos escritores, Rosa Montero y Lorenzo Silva, a los que tanto admiro y quiero, que son unos fracasados?

Pues de Cervantes tampoco.

Y la tercera negación: ¿cuándo vamos a dejar de hablar de las mujeres de Cervantes como las «Cervantas», y hacerlo siempre con un tono despectivo, como si algo oliera mal en Dinamarca, es decir, en Madrid o en Valladolid, las ciudades donde vivieron?

¡Ay, las mujeres de Cervantes, esas grandes maltratadas por la historiografía desde el siglo XVIII hasta nuestros días! Unas mujeres a las que se les ha robado su tiempo, el complicado tiempo de ser mujer (y no morir en el intento) durante los Siglos de Oro.

No es fácil ser mujer en nuestros modelos de sociedad centrados en la figura masculina. Y si no es fácil ahora, ¡imagínate hace cuatro siglos! Mujeres hidalgas... y pobres. Así Andrea y Magdalena (las hermanas de Miguel de Cervantes) y así Catalina de Salazar, su mujer, con algunas tierras en Esquivias y con muchas deudas. Mujeres como la madre de Miguel, Leonor de Cortinas, campesina rica de Arganda del Rey, que fue esencial para la supervivencia del núcleo familiar de su marido Rodrigo, como esenciales van a ser Andrea, Magdalena, Catalina y la hija de Cervantes, Isabel, para el núcleo familiar de Miguel.

Hace unos meses participé en un programa de televisión, *El mejor de la historia*, defendiendo a Cervantes (que terminó ocupando el injusto cuarto puesto del ranking final), y se me reprochó que dijera que Cervantes había vivido de sus mujeres. La frase estaba dicha con intención, pero no con la del insulto (tal y como entendieron los que seguían teniendo en su mente al Cervantes-mito), sino como la constatación de una realidad: Cervantes se pasó toda la vida buscando un oficio, haciendo mil y un trabajos para mantener a su familia, pero quienes soportaban la economía familiar cotidiana fueron sus hermanas (con su trabajo de costura para las damas nobles de la corte) y su mujer (con sus pocas rentas, que él administró). Nada de lo que avergonzarse. Nada de lo que seguir callando. Como también es necesario situar en su contexto de la época las relaciones sexuales que tanto Andrea como Magdalena tuvieron sin estar casadas.

¡Cuánto mal ha hecho la moral cristiana a la hora de entender y hablar de las mujeres de Cervantes!

Así desde el siglo XIX —uno de los siglos más mojigatos de nuestra historia— y así en ese nacionalcatolicismo franquista que hemos vivido hasta no hace mucho —y que pervive en algunos programas electorales actuales.

¿Hasta cuándo vamos a mantener a las mujeres de Cervantes en el silencio? ¿Hasta cuándo las vamos a condenar cuando fueron esenciales en la vida de Cervantes, como esenciales fueron otras tantas mujeres anónimas en sus particulares núcleos familiares, y de las que no sabemos ni su nombre?

El mito se construye con mármol y bronce, es decir, con eslóganes y titulares, mientras que el conocimiento y la ciencia se hace a partir de los matices y de las posibilidades, de las múltiples explicaciones que aportan los datos. En una época donde la información se difunde en 280 caracteres, ¿tiene sentido volver la vista a los matices del Cervantes-hombre, lleno de puntualizaciones, de caminos de ida y vuelta, de posibilidades y de dudas?

El camino no es fácil, no ha sido emprendido, de una manera sistemática, por nadie hasta ahora.

Pero es necesario.

Imprescindible.

Solo así entiendo que podemos adentrarnos en el tema de la sexualidad de Cervantes, de situarlo en su verdadera dimensión, que no es otra que la esfera del Cervantes-hombre.

¿Un viaje quijotesco?

Sin duda, pero también un viaje del gusto de Periandro y de Auristela, los protagonistas del *Persiles*. Siempre el viaje literario como medio de acceder al conocimiento.

Y nosotros no vamos a ser menos.

Así se han ido construyendo los mitos alrededor de Cervantes en los últimos siglos.

¿Y así los seguimos construyendo en nuestros días?

¿No será acaso el de la homosexualidad de Cervantes un nuevo mito del siglo XXI, que nos aleja, una vez más, del Cervantes-hombre, por más que digan que lo quieren rescatar?

II. EN LOS ORÍGENES DEL PRIMER MITO: CERVANTES, EJEMPLAR Y HEROICO

Retrato de Cervantes de Saavedra por él mismo, dibujado y grabado por William Kent.
Procede de Miguel de Cervantes, *Vida y hechos del ingenioso hidalgo don Quixote de la Mancha*,
Londres, Tonson, 1738 (colección del autor).

El pecado original cervantino: «La vida de Cervantes Saavedra por él mismo»

> Empezose el entierro según estaba prevenido, y fue tan dilatado que estaba la Cruz de la Parroquia en San Sebastián y no había salido el cuerpo de su casa [...]. Las calles estaban tan pobladas de gente que casi se embaraza el paso al entierro, sin haber balcón ocioso, ventana desocupada ni coche vacío. Y así, viendo una mujer tanta grandeza, dijo con mucho donaire: «Sin duda, este entierro es de Lope».

¿Y de quién podría ser si no?

Las palabras fueron escritas por uno de los discípulos más queridos de Lope, el dramaturgo e impresor Juan Pérez de Montalbán, y la acción que narra se vivió en el barrio madrileño de las Letras en agosto de 1635.

Las calles de Madrid —como las de tantas otras ciudades— han sido testigos de entierros multitudinarios, pero pocos que se le puedan igualar al de Lope de Vega, uno de los más populares de los que se tiene noticia. Ningún escritor de los Siglos de Oro (y muy pocos, después) ha sido capaz de reunir el dolor de toda una ciudad detrás de un cortejo fúnebre. Quizá José Zorrilla, Galdós o Tierno Galván, pero ya en el siglo XIX o en el XX.

Como tampoco muchos escritores gozarán de una particular biografía impresa al año siguiente de su muerte. Lope de Vega, una vez más, será la excepción. En 1636, aparece impreso el libro *Fama póstuma a la vida y muerte del doctor frey Lope Félix de Vega Carpio y elogios panegíricos a la inmortalidad de su nombre escritos por los más esclarecidos ingenios.*

Ahora ya no se estilan títulos tan largos, pero valía la pena recordarlo completo para entender el tono de esta primera biografía, a la que se acompañan cientos de versos en honor al poeta, al dramaturgo, al escritor Lope de Vega. Una verdadera hagiografía si tenemos en cuenta que no hay página sin que se disparen las alabanzas.

Francisco de Quevedo será otro de esos escritores privilegiados: dieciocho años después de su muerte aparece su biografía escrita por Pablo Antonio de Tarsia, compañero de la napolitana Academia de los Ociosos.

No así Luis de Góngora, que tendrá que esperar hasta las primeras décadas del siglo XX para ver recuperada su figura y su poesía (no olvidemos que su homenaje en el Ateneo de Sevilla se tiene como la foto fundacional de la que conocemos como generación del 27).

Valgan estos datos, curioso lector, para situar en su contexto la primera piedra fundacional del Cervantes-mito: su primera biografía, escrita por el ilustrado valenciano Gregorio Mayans y Siscar, a petición del político inglés lord Carteret, y que se imprime en Londres en 1738... Ciento veinte años después de la muerte de Miguel de Cervantes.

Nadie en este más de un siglo desde que fuera enterrado en el convento de las Trinitarias se había preocupado por saber quién se escondía detrás de ese autor («Miguel de Cervantes»), cuyo nombre no había dejado de imprimirse en las portadas de decenas de reediciones del *Quijote* por toda Europa.

Ciento veinte años en que Cervantes no dejó ni familiares que pudieran recordar algunas de sus anécdotas ni tampoco retratos o imágenes de su paso por este mundo. Lo contrario de lo que sucederá con Lope, Quevedo o Góngora, por limitarnos a los grandes autores del momento que compartieron calles, aceras, tabernas, corrales y mentideros con nuestro autor.

Hasta de Góngora, que será atrapado por el silencio después de su muerte, conocemos varios retratos, comenzando por el que le hizo Velázquez en 1622.

¿Qué hacer, entonces, con Cervantes, ciento veinte años después de su muerte? ¿Cómo escribir sobre algo que ha permanecido en silencio durante más de un siglo? ¿Qué retrato suyo poner como antesala gráfica a la primera de sus biografías?

Entonces ¿de dónde procede este primer retrato, que ahora tienes reproducido en la página 52 y que nace del arte de William Kent?

El pintor inglés resolvió su problema de hacer un retrato sin contar con ningún modelo de la época de la mejor manera posible: mediante la literatura.

La clave hay que buscarla en el título: *Retrato de Cervantes de Saavedra por él mismo.* Este «por él mismo» hace alusión al retrato que el propio Cervantes escribió en el prólogo de las *Novelas ejemplares* (1613).

En otras palabras, la primera imagen de Cervantes —la fundacional a partir de la que vendrán todas las demás— procede de un retrato robot realizado por el pintor Kent a partir de un texto literario cervantino, que no me resisto a recordar ahora:

> Este que veis aquí, de rostro aguileño, de cabello castaño, frente lisa y desembarazada, de alegres ojos y de nariz corva, aunque bien proporcionada; las barbas de plata, que no ha veinte años que fueron de oro, los bigotes grandes, la boca pequeña, los dientes ni menudos ni crecidos, porque no tiene sino seis, y esos mal acondicionados y peor puestos, porque no tienen correspondencia los unos con los otros; el cuerpo entre dos extremos, ni grande, ni pequeño, la color viva, antes blanca que morena; algo cargado de espaldas, y no muy ligero de pies.

Esta que veis aquí como reproducción de la estampa que se imprimió en 1738 no deja de ser el retrato robot del Cervantes-personaje, pues del hombre no hemos conservado ninguna imagen.

Y como no podía de ser de otro modo, este retrato del autor Miguel de Cervantes vendrá acompañado por los personajes más famosos que salieron de su pluma: don Quijote y Sancho Panza.

Y estas mismas serán las limitaciones con las que se encontrará Mayans y Siscar cuando reciba el encargo de lord Carteret de escribir la primera de las biografías sobre Cervantes. Si Juan Pérez de Montalbán se valdrá de su memoria y de su propia experiencia —con ciertas dosis de exageración de discípulo pelota— para redactar la biografía de Lope de Vega; si Pablo Antonio de Tarsia enriquecerá sus propios recuerdos para escribir la biografía de Quevedo con diversas anécdotas que le comparte su sobrino Alderete, a quien conoce en la Torre de Juan Abad, en el caso de Miguel de Cervantes, el biógrafo no cuenta con ninguna documentación —ni escrita ni oral— que echarse a la boca para comenzar a escribir.

Y va a hacer uso de la misma solución que el pintor Kent: buscar en los textos literarios de Cervantes —y de algunos de los escritores de su tiempo— los datos necesarios con los que hilvanar un relato biográfico.

Y aquí tiene su origen el error (el pecado original) de las biografías cervantinas: convertir la obra literaria en un documento histórico, del que pueden extraerse datos autobiográficos.

Y si esto es un error, ¡imagínate la locura de muchos iluminados cervantinos que, en la actualidad, se acercan a los textos literarios de Cervantes para descubrir «datos documentales» que les permitan defender sus teorías —si se las puede llamar así— sobre la posición geográfica real del «lugar de la Mancha» o del espacio donde hemos de situar en un mapa los molinos de viento!

Y siguiendo este método de trabajo —que era inevitable en 1738, pero no así en nuestros días—, Mayans y Siscar defenderá que Cervantes nació en Madrid, pues a ella se refiere como «mi patria» en unos versos del *Viaje del Parnaso*, y que lo hizo en el año de 1549, según deduce de lo escrito en el prólogo a las *Novelas ejemplares*. Y el resto de los datos biográficos cervantinos, que ocupan tan solo unas páginas de las 103 que constituyen su «Análisis del *Quijote*», proceden también de las dedicatorias, prólogos o citas de las obras de Cervantes: su paso a Roma al servicio del cardenal Julio Acquaviva de Aragón, su participación en la batalla de Lepanto y posterior cautiverio en Argel, su dedicación a las tablas teatrales a su vuelta a España y, por último, su muerte «de allí a poco tiempo» de la escritura de la carta dedicatoria del *Persiles*, que se data en Madrid a 19 de abril de 1616.

Y poco más...

O mucho más porque siempre hay algo más... algo más en los orígenes del Cervantes-mito heroico y ejemplar, más allá de las limitaciones documentales y del pecado original de convertir las obras literarias en fuente documental para construir su biografía.

Hay algo más...

Gregorio Mayans y Siscar, un biógrafo al borde de un ataque de nervios

Y ese algo más son las más de cien páginas que Mayans y Siscar le dedicó al análisis del *Quijote* como continuación de su biografía cervantina, en la que demuestra que el texto cervantino es muy superior al *Quijote* falso de Avellaneda, que se publicó en 1614. ¡Ni más ni menos!

A principios del siglo XVIII se estaba viviendo una nueva guerra encarnizada en Europa. Una guerra en que las armas eran literarias y que tenían su campo de batalla en cuál debía ser el modelo narrativo sobre el que asentar una nueva manera de entender la narrativa, lo que, con el tiempo, hemos llamado «novela moderna».

Dos bandos. Dos visiones. Dos propuestas. Y dos libros que mostraban la ruta a seguir.

En un bando, con todo el apoyo político, cultural y económico de la triunfante monarquía borbónica que se había impuesto en España con Felipe V: el *Quijote* falso de un tal Alonso Fernández de Avellaneda que en 1614 había continuado las aventuras quijotescas que Cervantes había publicado en 1605; y que propició que Cervantes se pusiera manos a la obra y en menos de un año diera a las prensas su propia segunda parte, la que se publicaría en Madrid en 1615.

Pero más que el texto español del autor que se esconde tras el seudónimo de Avellaneda, lo que tendrá éxito en este momento es la traducción al francés (en realidad, una reescritura) que publica en París el escritor Lesage en 1704. Para los ilustrados afrancesados españoles el *Quijote* de Avellaneda debía convertirse en piedra fundacional de una nueva literatura al ser la mejor muestra del «decoro» narrativo, por el que los personajes actúan en la obra de acuerdo con su sexo, edad, educación, situación social...

En el otro bando, con el intento inglés de recuperar una posición de poder que ha perdido en España —y en Europa— después de la derrota del pretendiente Carlos al trono hispánico, el *Quijote* de Miguel de Cervantes, que desde finales del siglo XVII se había convertido en un modelo literario para muchos escritores ingleses, que indicaban en sus portadas, con orgullo, que habían escrito sus obras «a la manera de Miguel de Cervantes, autor del *Quijote*». El *Quijote* de Cervantes era un modelo digno de ser imitado y continuado al ser el mejor exponente moderno de la sátira moral; ese tipo de obras que, a partir de un relato ameno y entretenido, permite mejorar la sociedad gracias a la crítica de algunos de sus excesos.

Y aunque hoy los debates culturales son marginales en el contexto de los problemas políticos a los que tiene que enfrentarse el mundo, en el siglo XVIII muchas de estas estrategias de poder y de geopolítica se dirimían en las letras, utilizando las letras y los símbolos literarios como armas de destrucción masiva.

Las armas están en alto en 1738 y el resultado de la contienda no estaba nada claro. Al menos, para ninguno de sus protagonistas, que estaban al borde un ataque de nervios.

¿Qué hubiera sido de Miguel de Cervantes si hubiera triunfado en el siglo XVIII la propuesta francesa para crear la conocida como «novela moderna»? ¿No hubiera sido Cervantes un nuevo Góngora, condenado al silencio y alejado de sus lectores, hasta que fuera recuperado siglos después?

Pero, como sabemos, sucedió todo lo contrario.

Mayans y Siscar, como no podía ser de otro modo, puso toda la carne en el asador. Con estas palabras se refiere al autor que se esconde detrás del seudónimo de Avellaneda:

> Don Nicolás Asensio juzgó que este Autor no tenía genio para continuar tal Obra. Esto es poco. Ni tenía genio, ni ingenio para tan difícil empresa. No tenía genio, porque este supone ingenio, pues, como decía la Duquesa, que tanto honró a don Quijote, «Las gracias y los donaires no asientan sobre ingenios torpes». Y tal era el del Autor Aragonés, cuya leyenda es indigna a cualquier lector que se tenga por honesto. (Párrafo 65).

El éxito del bando inglés, de la propuesta auspiciada y orquestada por lord Carteret, con la primera biografía y análisis del *Quijote* firmada por Gregorio Mayans y Siscar, fue apoteósico y completo.

Lord Carteret no tenía ninguna duda de que contaba con las mejores armas a su disposición, y así se lo comenta a Mayans y Siscar en una carta del 25 de marzo de 1737:

> La vida de un tan singular varón, compuesta por la mejor pluma de España, será recibida en estos países como lo merece; dando luz y ornamento a la más graciosa y agradable obra de invención que jamás salió en el mundo, siendo preciso confesar que la Historia de don Quixote es libro original y único en su género.

Y en estas palabras vemos cómo, a partir de esta primera biografía cervantina, las figuras de Cervantes y de don Quijote han quedado irremediablemente unidas, al margen del resto de sus obras. Si el «*Quixote* es libro original y único en su género», ¿cómo no va a ser su autor un «singular varón», único también entre todos los que vivieron en los Siglos de Oro?

¿Cómo una persona «normal» habría sido capaz de escribir un monumento literario como el *Quijote*? Todo lo contrario. Miguel de

Cervantes solo ha podido tener una vida ejemplar y heroica para dar con la escritura de tal ejemplo literario.

El éxito de la propuesta de la edición del *Quijote* de 1738 impuso el triunfo del Cervantes-personaje, ese que se crea a partir de la literatura («por él mismo») y no de la historia, del conocimiento del momento en que vivió el Cervantes-hombre. Y esta construcción, a la que he llamado el «pecado original» de las biografías cervantinas, se basa en dos principios.

El primero: Cervantes es un ser singular, por lo que NO interesa tanto conocer su tiempo de vida como descubrir en su obra indicios de su propia biografía.

El segundo: el *Quijote* es el crisol de su genio creador, de ahí que todo lo que sucederá a Cervantes en su vida, que le lleva por diversos territorios, experiencias y oficios, tiene una única finalidad: la escritura del *Quijote*, que se ha convertido en su obra maestra, desvirtuando el programa literario al que dedicó sus últimos años, ensombreciendo, hasta volver casi invisibles, el resto de sus obras literarias, como ya hemos tenido ocasión de ver.

Estos son los hilos con que se ha ido tejiendo la imagen de un Cervantes-mito, que, según las épocas y los acercamientos, será más o menos heroico y ejemplar... más o menos, porque, en el fondo, siempre lo será. A fin de cuentas, como diría el primer biógrafo cervantino, ¿cómo hablar de quien «supo honrar la memoria de tantos españoles», si no es desde el heroísmo y la ejemplaridad?

Desde esta perspectiva podremos adentrarnos por los meandros del tema de la sexualidad de Cervantes que nos convoca... pero ¿hasta qué punto la construcción del mito del Cervantes homosexual no hereda también este pecado original biográfico? ¿No habremos caído en el mismo error, pasados varios siglos de investigación, de lecturas y de admiración, al volver otra vez a los textos con el fetichismo documental?

A Mayans y Siscar en 1738 le podemos perdonar, pues comprendemos sus limitaciones. Pero ¿podemos hacer lo mismo con los biógrafos cervantinos actuales, que siguen viviendo y escribiendo a partir del mismo pecado original?

III. UN CERVANTES CON MIL CARAS (Y NINGUNA DE ELLAS VERDADERA)

#PatriaCervantes: cuando la verdadera patria de Cervantes se convirtió en *trending topic*

¿Y cómo reaccionaron los afrancesados españoles cuando les explotó la edición del *Quijote* de 1738 en la cara, una edición que al poco tiempo estaba traducida al inglés y a la mayoría de las lenguas europeas?

El éxito de su propuesta fue tal que cortó de raíz el debate sobre cuál de los dos *Quijotes*, el de Cervantes o el de Avellaneda, era superior, situando al de Cervantes en el podio del prestigio del que nunca se ha movido.

Pero los insultos de Mayans y Siscar eran harina de otro costal.

Ahí no podían quedarse callados y aceptar que los mirara por encima del hombro y que toda Europa se riera de sus comentarios.

¿Cómo atacar a Mayans y Siscar para demostrar lo erróneo de su método biográfico? Fácil. Hacer lo que él no había hecho: buscar documentos que mostraran la falsedad de sus hipótesis nacidas a partir de la lectura de las obras cervantinas.

Muerto el perro, se acabó la rabia.

Blas Nasarre, uno de los afrancesados criticados por Mayans y Siscar, será uno de los primeros en aportar su granito de arena en esta polémica… aunque el tiro le salió por la culata.

Su investigación en busca de documentos parte de una teoría bizarra: solo un manchego puede hablar con tanta propiedad de la tierra manchega. Y así comienza a buscar el nombre «Miguel de Cervantes» en partidas de bautismo en las parroquias manchegas… ¡y en 1748 sus indagaciones dieron su fruto! Encontró en la iglesia de Santa María de Alcázar de San Juan la partida de bautismo de «Miguel de Cervantes», que habría sido bautizado el 9 de noviembre de 1558.

Te estarás preguntando si se volvieron locos en aquel momento al aceptar que este «Miguel de Cervantes» pudiera ser nuestro «Miguel de Cervantes», que había nacido once años antes. De ser así… ¡«Miguel de Cervantes» tendría que haber participado en la batalla de Lepanto con tan solo trece años!

Pues sí, tienes razón: se volvieron locos. Así se escribe la historia cuando el documento se convierte en un fetiche, mal leído y peor interpretado. Así en el siglo XVIII y así, lamentablemente, en nuestros días.

El verdadero descubrimiento de la «patria» de Cervantes, de su partida de bautismo, será fruto del azar.

Bien vale la pena hacer un alto en nuestro camino y recordar esta historia del siglo XVIII.

El fraile benedictino Martín de Sarmiento dedica buena parte de su tiempo al estudio. Así se lo exige su orden y así se lo pide su ánimo. En 1752 adquiere varios libros para su biblioteca; y, entre ellos, se encuentra un ejemplar de la *Topografía e Historia general de Argel*, publicado en Valladolid en 1612, y firmado por el fraile Diego de Haedo, según se indica en su portada.

Uno más de sus libros… hasta que llega al folio 185, en que comienza a ser EL libro, pues no puede creer lo que está leyendo cuando se habla de los martirios de cautivos cristianos en Argel: «Miguel Cervantes un hidalgo principal de Alcalá de Henares, etc.».

«Hidalgo principal de Alcalá de Henares»…

¡Es la primera vez que alguien cita expresamente la «patria», el lugar de nacimiento de Miguel de Cervantes!

Y esta noticia, leída al azar, se convierte en el hilo del que tirar para encontrar la documentación que certifique la verdadera patria de Cervantes, para acercarse al primer documento que certifique la existencia del Cervantes-hombre, más allá del Cervantes-personaje que hemos leído hasta ahora.

Sin más dilación, Sarmiento le comunica su descubrimiento al librero Francisco Manuel de Mena para que lo divulgue por Madrid, y así animar a buscarlo en las iglesias complutenses.

Y así fue.

Y por unos meses la etiqueta #PatriaCervantes fue *trending topic*. Varias personas se lanzaron a su búsqueda. Pero el triunfo se lo llevó el párroco de la iglesia de Santa María la Mayor de Alcalá de Henares, que dio en 1753 con la famosa partida de bautismo de Miguel de Cervantes, fechada el 9 de octubre de 1547. Y con el tiempo —y algo de paciencia— se encontraron en el mismo libro de bautismo las de sus hermanos Andrés, Andrea, Luisa y Rodrigo.

Conocida la noticia del hallazgo, que también se hizo viral en la corte, Agustín de Montiano, otro de los afrancesados criticados por Mayans y Siscar, se apresuró a publicarla en el libro que estaba terminando por estos meses: *Discurso sobre las tragedias españolas*. ¡Al menos le correspondía a un afrancesado el honor de haber sido el primero en dar a conocer este documento, el primero de los cervantinos, y demostrar cómo en este punto Mayans había patinado, pues defendía a Madrid como el lugar de nacimiento de Cervantes!

La *Topografía e Historia general de Argel* entraba por la puerta grande en la construcción del Cervantes-mito. Y lo hacía para quedarse. Y lo ha hecho hasta nuestros días.

Una obra que venía con el aval de quien se creía que era su autor: Diego de Haedo, monje benedictino y abad de Frómista, aunque hoy sabemos que realmente la escribió el fraile Antonio de Sosa, compañero cautivo en Argel de Miguel de Cervantes, al que volveremos en el siguiente capítulo.

¿Es la *Topografía e Historia general de Argel* un libro escrito por un historiador, que cuentan las cosas como fueron, sin añadir ni quitar a la verdad cosa alguna, como indica Cervantes que deben escribir los historiadores?

Pues me temo que no.

Esta obra es uno de los mejores exponentes de la conocida como «literatura de cautivos», la que tiene como intención conmover al lector europeo para conseguir la mayor cantidad posible de limosnas.

Por eso ha de mostrar una «particular» visión negativa de Argel, de los sufrimientos que padecían los cautivos y de los peligros en los que podían caer si permanecían mucho tiempo en tierras de moros.

Las limosnas no se consiguen con datos objetivos e históricos sino con ficciones, con relatos, con poetas que muestren las cosas como debían ser: con mucho dolor, sangre y lágrimas.

Pero, además de ser un modelo y uno de los mejores exponentes de este modelo de literatura instrumental, la *Topografía e Historia general de Argel* será el primer libro conocido que habla de Cervantes en Argel. Y lo hará en unos términos muy semejantes a los del Cervantes-personaje que el propio autor complutense había diseñado en su *Historia del cautivo* en la primera parte del *Quijote*.

¿Historia? ¿Casualidad? ¿O se trata de una estrategia pactada entre dos escritores, Antonio de Sosa y Miguel de Cervantes, cautivos amigos que habían coincidido en Argel?

Antonio de Sosa y su particular hagiografía de Cervantes

Tuvo que ser muy emocionante, sin duda, el momento antes recordado en que fray Martín Sarmiento abrió el libro de la *Topografía e Historia general de Argel* y se encontró en el folio 185 con la referencia de la patria de Miguel de Cervantes. Y, sin duda, leyó temblando de emoción el resto del texto que narra el segundo de sus intentos de fuga, que tantas similitudes tiene con la *Historia del cautivo* que incluyó Cervantes en la primera parte del *Quijote*.

¡El Cervantes-personaje podía convertirse en historia, pues sus noticias coincidían con una fuente documental externa, con uno de los libros que mejor se han adentrado en la cotidianidad de Argel del siglo XVI!

Pero este libro es aún más emocionante para nosotros: este folio impreso en 1612 (aunque tendría que haberse dado a conocer en la década de los años ochenta) es la piedra sobre la que se ha levantado el Cervantes-mito. Dado que estamos ante un contexto cristiano, bien podemos afirmar que este texto es el San Pedro sobre el que se ha construido la iglesia mítica de Cervantes.

Volvamos al folio en el que Antonio de Sosa habla de su amigo Miguel de Cervantes, y de su comportamiento ejemplar después del fracaso de su segundo intento de fuga. Pongámonos los ojos de asombro y de curiosidad con los que Sarmiento leyó este relato allá por el lejano 1752.

Este relato se inserta en el «Diálogo de los mártires», la parte que ha escrito Sosa sobre los «martirios y otras muy crueles muertes» que sufrieron diversos cautivos «de los infieles turcos y moros».

Si en la primera parte de la *Topografía de Argel*, Sosa despliega todo su arsenal histórico y documental con tediosas descripciones de todo lo que ha conocido durante sus años de cautiverio, en la segunda se dedica a relatar con todo lujo de detalles las crueles muertes que sufrieron muchos cautivos cristianos que fracasaron en sus intentos de fuga y que no quisieron renegar. Es el momento de la emoción y de la catarsis.

Pongámonos en contexto antes de sumergirnos en las palabras dedicadas a Cervantes, y recordemos cómo se relatan en este mismo libro otros tres intentos de fuga, muy similares a los que va a protagonizar nuestro autor: el del renegado genovés, Morato, de veinticinco años, que quería volver a ser cristiano (año 1565), un zapatero italiano conocido como Trinquete (1573) y un soldado castellano llamado Cuéllar (1578).

Morato utilizará el comodín del cautivo liberado, que llega a Mallorca y les consigue una nave para volver a Argel y rescatarlos por la noche. El plan se descubre y varios cristianos son detenidos, entre ellos el joven Morato. Al día siguiente el bajá, sin recibirle ni hacerle juicio, lo sentencia a morir apedreado. Y no contentos con esta crueldad, y como si fuera una diversión de una plácida tarde de fin de semana, una docena de turcos le entierran en la arena de la playa hasta la cintura y juegan con cañas con su cuerpo. Y para que no haya dudas de su sadismo, Sosa destaca dos golpes recibidos: uno en la boca, que le rompe los dientes y se queda en la garganta, y otro que le saca un ojo, por el que empieza a correr mucha sangre. Esta es la señal para comenzar con las piedras y los gritos y las risas y la diversión.

El plan de fuga ideado por el zapatero italiano Trinquete, en colaboración con otros amigos cristianos, todos ellos, imaginamos, pobres, los que se conocen como «cautivos de almacén», pasa por descolgarse del muro que va hacia el puerto y robar un bergantín que los llevaría a tierras cristianas. Pero serán descubiertos y apresados. El rey de Argel hace uso de todo su arsenal de castigos: condena a diez a que les muelan los huesos a palos y, a los dos cabecillas, a morir «enganchados» en manera pública, que es una muerte lenta y muy dolorosa. Gracias a que algunos terceros le ruegan que fuera piadoso, acepta otro castigo: colgarles de un mástil y ser asesinados a flechazos. ¡Menuda piedad, debieron pensar los terceros! Y después de insistir de nuevo consiguen que mueran ahorcados en el mismo lugar de la muralla desde donde habían intentado huir.

Y una última historia, coetánea a los intentos de fuga de Cervantes, pues se data en 1578, un año después del intento de fuga cervantina que Antonio de Sosa va a narrar en su libro. En abril de este año un grupo de treinta cautivos intentan escapar en una fuga masiva organizada por el soldado Cuéllar, compañero de Cervantes como cautivos de Hazán Bajá. La fuga que involucra a varios cautivos del mismo baño del rey —hemos de pensar que gente principal— pasa por robar remos y un bergantín en el puerto. Cuando todo parecía que iba a conseguirse, son descubiertos por un turco. Todos huyen como pueden, pero uno de ellos termina por confesar algunos de los nombres de los cautivos participantes, y nombra al soldado Cuéllar por principal y cabecilla. Este episodio va a permitir a Sosa escribir una escena que muestra a Hazán Bajá, el nuevo rey de Argel, en todo su esplendor como sádico. No olvidemos que se trata del mismo que un año antes había perdonado la vida al soldado Miguel de Cervantes.

El pobre soldado Cuéllar recibe tal número de palos que hasta sus asesinos terminan por cansarse. Y ante esta situación, Hazán Bajá, como fuera de sí, no cesa de gritar: «¡Dad, dad, a ese perro! ¡Matadle! ¡Matadle!». Y así lo hacen. Y así termina muriendo.

En este contexto, entre estas historias de martirios y de muertes crueles, Sosa inserta la narración del segundo intento de fuga de Miguel de Cervantes, el que ideó en 1577, después de haber sido rescatado su hermano Rodrigo, cuyos detalles ha escuchado Antonio de Sosa de los labios del propio Miguel.

La planificación de la fuga sigue de cerca el guion de la época: un grupo de cautivos del rey, todos ellos hombres principales, llegan a un acuerdo con un cautivo liberado para que les consiga una nave desde Mallorca que les venga a rescatar por la noche. Ellos estarían esperando en una cueva a las afueras de la ciudad. Solo dos personas en Argel conocen sus planes: el jardinero de la casa donde está la cueva y un renegado, conocido como el Dorador, que hace de enlace con la ciudad y les provee de comida, pues desea retornar al cristianismo y volver a España con ellos, con todas las garantías de que no será juzgado por haber renegado de la fe cristiana durante unos años.

El fracaso de este intento de fuga también es el habitual en la época: el Dorador, ante el miedo a ser descubierto y morir en el intento, decide traicionar a sus compañeros y descubrir el plan de fuga a Hazán Bajá, del que espera recibir una cuantiosa recompensa. Los turcos llegan a la cueva y apresan a los participantes, que, como nobles, son recluidos en la cárcel del rey. Y entre ellos, destacan al que es «autor de este negocio», que no es otro que nuestro Miguel de Cervantes

Y la historia referida por Antonio de Sosa parece que va a continuar según lo narrado con anterioridad y como se seguirá narrando después en este repertorio de sadismos y de martirios que es la *Topografía e Historia general de Argel*: llevado por la codicia, Hazán Bajá tortura a Miguel de Cervantes para que confiese los cómplices que han hecho posible este intento de fuga con una clara intención:

inculpar a fray Jorge del Olivar, el mercedario que estaba por aquel entonces en Argel como redentor de la Corona de Aragón. La jugada del codicioso Hazán Bajá era perfecta: se quedaba con los cautivos principales que habían intentado huir, al tiempo que se hacía más rico solicitando una enorme suma por la liberación del fraile mercedario con la excusa de haber sido el cabecilla de una fuga múltiple.

Pero nunca salió de los labios de Cervantes tal acusación falsa, sino todo lo contrario: nunca dejó de repetir que él era el único responsable, «cargándose como hombre noble a sí solo la culpa», según escribe Antonio de Sosa.

¿Cuál es el final de este fallido intento de fuga?

Hazán Bajá aumenta su patrimonio, quedándose con casi todos los cautivos de rescate participantes, aunque no haya conseguido involucrar al fraile mercedario. Pero menos da una piedra.

¿Y qué sucede con Cervantes?, te estarás preguntando. ¿Por qué Hazán Bajá, conocido que era el cabecilla de este intento masivo de fuga, no se muestra tan riguroso y sádico como lo ha sido con otros en estas circunstancias y lo será con el soldado Cuéllar, al año siguiente, sin ir más lejos?

Antonio de Sosa lo tiene claro: Cervantes nunca estuvo realmente en peligro de muerte, pues su rescate supone una pequeña fortuna: 500 escudos de oro, que ahora pasaban a sus manos. Al codicioso Hazán Bajá no se le podía escapar una presa como esta, una presa por el que podía conseguir tan buen rescate.

¿Y dónde queda entonces el martirio?

El jardinero es el único que será castigado con una muerte cruel como le gusta a Sosa incluir en su particular martirologio: ahorcado por un pie y ahogado por su propia sangre.

La actitud de Cervantes ante Hazán Bajá, su valentía y nobleza, le permite a Sosa hablar de él en unos términos que más tienen que ver con el Cervantes-personaje que muestra un comportamiento ejemplar y heroico, sin fisuras, en Argel, que con el testimonio objetivo de un historiador. No solo recordará que durante el tiempo que estuvieron esperando en la cueva (¡algunos más de siete meses!, lo que no deja de ser toda una proeza), Cervantes los sustentó y animó, sino que, en hasta cuatro ocasiones, intentó Cervantes «dar la libertad a muchos» a costa de su propia vida: «La cual cuatro veces estuvo a pique de perderla empalado, o enganchado, o abrasado vivo».

Y esta biografía se convierte en hagiografía, es decir, en una alabanza excesiva, pues llega a escribir el miedo que el propio Hazán le tenía a Cervantes, a su valentía y fama, que podía hacer peligrar su reinado. ¡Ahí es nada! Vale la pena recordarlo, pues será dato que repetirán muchos biógrafos cervantinos a lo largo de los siglos como si fuera un documento histórico:

> Decía Hazán Bajá, rey de Argel, que, como él tuviese guardado al estropeado español, tenía seguros sus cristianos, bajeles y aun toda la ciudad; tanto era lo que temía las trazas de Miguel de Cervantes.

¿Acaso dudas a estas alturas, lector amantísimo, de que un personaje así no era merecedor de su particular historia? Cervantes no lo había dudado en su *Historia del cautivo*, ni tampoco en un documento esencial que solo se conocerá a principios del siglo XIX (la *Información de Argel*), ni tampoco parece dudarlo Antonio de Sosa, que va a convertir a Cervantes en uno de los «héroes» del cautiverio argelino.

La *Topografía e Historia general de Argel* termina publicándose en 1612, cuando todavía Cervantes está vivo, aunque ya se encuentra muy lejos de sus peticiones de merced, para lo que este texto podría haber sido muy útil. Pero no olvides que Antonio de Sosa hubiera querido verlo publicado nada más ser liberado de su cautiverio en 1581.

Los casi treinta años que tarda en llegar a la corte el libro vuelve en papel mojado estos datos y argumentos para el Cervantes-hombre y para tantos otros cautivos del momento. Estos textos de cautiverios de Cervantes y de Antonio de Sosa ¿no muestran una estrategia común para conseguir que Cervantes consiguiera la merced tantas veces solicitada? Y de conseguirlo, ¿no ayudaría Miguel de Cervantes a pagar el rescate de Antonio de Sosa, como era habitual entre ellos?

Nunca lo sabremos, pero siempre son curiosos estos juegos de ciencia ficción literaria.

Lo que sí que nos queda claro es que la *Topografía e Historia general de Argel* no es un documento histórico (ni literario) que hable del Cervantes-hombre, de su paso por Argel.

La *Topografía e Historia general de Argel* es un engranaje más en la construcción del Cervantes-personaje que nuestro autor está dando forma por estos años. Un texto que, descubierto en el siglo XVIII, y leído y citado de una manera tan entusiasta por los primeros biógrafos de Cervantes, se ha convertido en el cimiento imprescindible para la construcción del Cervantes-mito, en su personaje ejemplar que aún sigue vivo en el imaginario colectivo.

La sodomía se tiene por honra en Argel

El descubrimiento de la *Topografía e Historia general de Argel* a mediados del siglo XVIII abrió las puertas a los biógrafos para llenar de detalles cotidianos el relato del cautiverio cervantino.

Gracias a las tres obras cervantinas sobre el tema (la *Historia del cautivo* en la primera parte del *Quijote* —publicada en 1605, pero escrita hacia 1590—, y las obras de teatro *Los tratos de Argel* —hacia 1583— y *Los baños de Argel* —1615—), se ha construido el Cervantes-personaje ejemplar en su defensa del cristianismo y heroico al servicio de la Corona al intentar liberar a tan renombrados caballeros que allí estaban cautivos. Pero, para que este personaje gane en credibilidad, es necesario llenar de detalles cotidianos su estancia en los baños, la relación con otros cautivos y algunas de sus costumbres compartidas.

La obra de Antonio de Sosa se presentó ante ellos como el libro de cabecera para completar lo que las obras cervantinas callaban...

Pero a pesar de la riqueza de sus datos, de lo oportuno de sus interpretaciones y de la cantidad de detalles que ofrece de la vida en Argel, el libro de Antonio de Sosa hay que leerlo como lo que es, y no me cansaré de repetirlo: un ejemplo perfecto de la literatura de cautivos. Una literatura, como ya hemos dicho, pensada para ofrecer una determinada imagen negativa y distorsionada de la ciudad, de sus dirigentes y de sus costumbres, para así conmover y escandalizar a sus lectores europeos.

Antonio de Sosa tenía claro cómo conseguir su objetivo: por un lado, describiendo con todo tipo de detalles la crueldad que se usa contra los cautivos —en especial, los cautivos más pobres, los de almacén o los de larga duración—; y por otro, dejando constancia de la cotidianidad pública de la sodomía, de las relaciones amorosas entre hombres, que es considerada en Argel como una honra.

¿No me crees?

Pues aquí tienes sus palabras:

> La sodomía se tiene, como dijimos, por honra, porque aquel es más honrado que sustenta más garzones y los celan más que las propias mujeres e hijas, si no es a los viernes y pascuas, que los sacan a pasear muy ricamente vestidos y entonces concurren todos los galanes de la ciudad y muchos que presumen de graves a requebrarse con ellos ofreciéndoles ramilletes de flores y diciéndoles sus pasiones y tormentos.

¿Te imaginas el impacto de este párrafo entre los lectores cristianos del siglo XVII? ¿Hombres hechos y derechos que pasean con sus novios jovencitos por las calles de Argel, sobre todo en los días de fiesta? ¿La sodomía —¡ni más ni menos que el pecado nefando en tierras cristianas!— que se tiene por honra?

> —La libertad, Sancho, es uno de los más preciosos dones que a los hombres dieron los cielos; con ella no pueden igualarse los tesoros que encierra la tierra ni el mar encubre; por la libertad, así como por la honra, se puede y debe aventurar la vida, y, por el contrario, el cautiverio es el mayor mal que puede venir a los hombres.

Estas son las primeras palabras que le dijo don Quijote a Sancho Panza después de haber salido de la casa de los duques: libertad y honra frente a cautiverio y sodomía, que no son más que las dos caras de una misma moneda.

Será en este contexto donde esta frase sobre la cotidianidad homosexual en Argel —«la sodomía se tiene por honra»— se vuelve un arma de destrucción masiva, un perfecto artefacto para escandalizar al lector cristiano, que, en estos momentos, estará echando mano a su faltriquera para ayudar con algunos maravedís a los cautivos que en Argel tienen que sufrir esta situación.

¡No se puede permitir que nuestros jóvenes puedan ser sodomitas públicos por las calles de Argel! ¡Más de uno tendría pesadillas solo de pensar en sus hijos o hermanos en esta situación!

Miguel de Cervantes llega al cautiverio con veintiocho años, un hombre hecho y derecho según los cánones de la época. Pero no así su hermano Rodrigo, del que poco o nada sabemos de su situación en Argel.

Y es que todos en esta ciudad, al margen de su clase social, hacen demostración pública de sus relaciones sodomitas, y se acompañan de sus novios, con quienes pecan —desde la perspectiva de Antonio de Sosa— «en mitad del día y a los ojos de todo el mundo».

¿Cómo no van a tener en Argel sus propios locales públicos?

El Chueca argelino se compone de una red de barberías, donde, además de cortarse el pelo y rasurar la barba, se podía beber y divertirse con los muchachos que allí trabajaban y a los que festejaban «como si fuesen las más principales y hermosas damas del mundo; y, en efecto, las boticas de barberos son unos públicos burdeles».

Lo de «públicos burdeles» sobraba... pero ahí está la mirada del fraile benedictino Antonio de Sosa para ensombrecer todo tipo de alegría al cuerpo.

Y de tanto cargar las tintas en esta crítica —en las antípodas de la cotidianidad de los sodomitas en el mundo cristiano—, parece que Argel es una fiesta continua del Orgullo.

Y así, cuando se habla de los jenízaros, que son los soldados turcos... pues ¡maricas!:

> los demás todos viven una vida bestial, de puercos animales, dándose continuamente a la crápula y lujuria, y particularmente a la hedionda y nefanda sodomía, sirviéndose de mozos cristianos cautivos que compran para este vicio, que luego visten a la turquesca, o de hijos de judíos y de moros de la tierra, y de fuera de ella, tomándolos y teniéndolos a pesar de sus padres, con los cuales están días y noches emborrachándose con aguardiente y vino.

Los corsarios de las galeras de Argel, pues maricas también, y de los que mejor tratan a sus novios:

> Acostumbran entonces los arráeces y leventes vestir muy ricamente a sus garzones (que son sus mujeres barbadas) de vestidos de damasco, raso y terciopelo, y de cuchillos muy ricos damasquinos muy ricamente guarnecidos de cadenas de oro y plata, y de muy pulidos borceguíes, zapatos y tocas muy finas, y arrearlos más que a las damas muy pulidas y hermosas. Y tiene por punto de honra y contiene entre sí de quien más número tiene de garzones, más hermosos y más bien vestidos, y para estos los envían a manadas y en compañía a pasear el Xuma, y otros días por la ciudad y a la marina y compaña; reputando esto a una gran pavonada y gloria muy particular, que es la cosa más notable y más digna de llorar (que tal cosa se use entre los hombres y con tanta desvergüenza y tan pública) de cuantas en el mundo pueden ser ni imaginarse.

Si les toca el turno a los morabutos, «que son como gente eclesiástica»... ¡también maricas!

> Y, finalmente, por más santos que se fingen, son de ordinario grandísimos sodomitas, y se precian de ello, y el pecado bestial públicamente lo comenten en mitad del zoco y calle principal, a los ojos de toda la ciudad, y es tan grande la ceguera de moros y turcos, que esto alaban y tienen por bueno.

Esta insistencia en la vida pública sodomita en Argel —¡el pecado nefando que sale a la plaza pública!— tiene una razón de ser: escandalizar y advertir a los lectores del libro —que son los cristianos del cilicio y de la represión sexual en tierras europeas— del gran peligro que acecha al cautivo si no es rescatado a la mayor brevedad posible. Y entre todos, los que corren más peligro son los cautivos más jóvenes, aquellos a los que se les alza el telón del pecado y encuentran un teatro de placeres carnales, de los que no habían tenido noticia en tierras cristianas.

De este modo, en la propaganda de la época —antes, durante y después de la batalla de Lepanto—, se divide el Mediterráneo en dos mundos, que representa al cielo cristiano y al infierno musulmán: la práctica asidua y pública del pecado nefando, del «vicio contra natura» será uno de los rasgos que distinga estos dos escenarios. Dos mundos que no deben comunicarse. Por eso, cualquier contacto de un cristiano con un musulmán —ya sea o no renegado— es recibido como una sospecha. ¿Y la peor de sus pesadillas, la más espantable? ¡Un musulmán sodomizando a un cristiano!

La sodomía es un acto social, que se tiene por honra. Y como acto social, ya sea en Argel ya sea en Madrid, en Roma o en la Cochinchina, hay que cumplir una serie de reglas. Y la principal de todas (como así sucedía en el mundo griego y romano en la Antigüedad clásica): la relación sodomita solo se establece entre un hombre mayor (el conocido como *bujarrón*, con un rol activo en la relación) y un hombre joven, el *garzón*, que se le conoce también como *bardaje*, que, con su aspecto femenino, tendrá un rol pasivo. Un rol que cambiará con el paso de los años, convirtiéndose en bujarrón que, a su vez, tendrá a su cargo uno o varios garzones.

La sodomía es un acto social, pero no de libertinaje.

Desde esta perspectiva, ¿podemos considerar a Miguel de Cervantes, con sus casi treinta años, cuando llega a Argel, carne de cañón para convertirse en garzón de un turco o de un moro? ¿Acaso Hazán Bajá, casi de su misma edad, podría ser considerado el bujarrón que le podría elegir como bardaje para satisfacer sus deseos sexuales?

«Tan bueno es Pedro como su amo»: las otras vidas posibles de un renegado en Argel

Antonio de Sosa, como todo autor de literatura de cautivos, está obsesionado con los peligros que acechan a los cristianos en tierras moras. Peligros y oportunidades que pueden animar al mayor pecado que puede cometer un cautivo: renegar del catolicismo y abrazar la ley de Mahoma.

Como si se tratara de una famosa escena de la película *La vida de Brian* de los geniales Monty Python, podríamos preguntarnos ahora: ¿qué ofrece el reniego a un cautivo cristiano, sobre todo, a un pobre cautivo de almacén, que nada o poco tiene en su tierra de origen?

Poder dejar de ser un esclavo y convertirse en un hombre libre.

De acuerdo, pero además de dejar de ser un esclavo y convertirse en un hombre libre, ¿qué ofrece el reniego a un cautivo cristiano?

Poder gozar de una sexualidad más abierta y libre.

De acuerdo, pero además de dejar de ser un esclavo y convertirse en un hombre libre, y poder gozar de una sexualidad más abierta y libre, ¿qué ofrece el reniego a un cautivo cristiano?

Poder tener la oportunidad de ascenso social, de llegar a ser incluso rey.

De acuerdo, pero además de dejar de ser un esclavo y convertirse en un hombre libre, poder gozar de una sexualidad más abierta y libre, y poder tener la oportunidad de ascenso social, de llegar a ser incluso rey, ¿qué ofrece el reniego a un cautivo cristiano?...

Y así podríamos seguir hasta terminar el capítulo.

Argel, desde esta perspectiva, se presenta como una realidad bien diferente al modelo social europeo, nacido en la Edad Media. La Edad Moderna, que pone las bases al capitalismo actual, verá cómo triunfa la nobleza de linaje frente a la nobleza de las obras, tema muy debatido en el siglo XV europeo. De ahí esa obsesión por ser «cristiano viejo», de demostrar la antigüedad de la pureza cristiana en la sangre y no en un modo determinado de comportamiento.

Y Antonio de Sosa no deja de ser el eco de este particular poder occidental cristiano cuando se asombra (al tiempo que critica) de la realidad social que se vive en Argel, que posee su particular «orden natural», muy alejado del que se predica desde los púlpitos occidentales:

> Entre ellos no hay preeminencia de honra ni preciarse uno más que otro de ser hijo de turco o de renegado, o de moro, o de judío o de cristiano; ni de que sus padres fueses alcaides, galifas o reyes; *tan bueno es Pedro como su amo*, y no vale ninguno más de lo que tiene, porque si un judío hecho moro es más rico, este es más honrado, y el rey le dará su hija.

«Tan bueno es Pedro como su amo». Y este refrán que en tierras cristianas es un insulto, una injuria, aquí en Argel es la descripción de una realidad social, donde la vida está por escribir más allá de las marcas de nacimiento.

Pero tampoco hace falta ir tan lejos.

Frente a lo que sucede en Europa, Argel se presenta para muchos cautivos como una tierra de oportunidades sin tener que renegar, como es también una tierra de oportunidades para hacer negocios para mercaderes valencianos, mallorquines, ingleses e, incluso, holandeses.

Argel es mucho Argel para reducirla a la imagen de una gran cárcel, donde la crueldad de sus amos y la sodomía pública conforman dos de sus características más sobresalientes (dos tópicos que, por otro lado, aparecen en las numerosas películas carcelarias a las que nos tiene acostumbrados la industria de Hollywood).

El corso, frente a la piratería, es un sistema social y económico que tiene sus reglas y sus leyes. Todo está reglado en el secuestro de personas y bienes en el Mediterráneo. Todo está organizado bajo la supervisión del imperio turco que es quien nombra al rey de Argel cada tres años.

En el corso se establece de manera clara cómo se reparte el botín de cada escuadra: el rey de Argel se queda con una séptima parte de las ganancias; y después del reparto de la parte correspondiente al capitán, el resto —tanto los cautivos como sus pertenencias— se venden en el mercado de esclavos. Aquí solo suelen llegar los cautivos de almacén, los de menor cuantía, que son tratados como animales en una feria de ganado. Diego Galán, en su relación de cautiverio de 1589, recuerda cómo un mozo le llevó por el zoco pregonando la mercancía durante un cuarto de hora, y en ese tiempo se acercaban posibles compradores que comprobaban su dentadura, y se preocupaban si había tenido enfermedades o si era cojo o manco. Los jóvenes y las mujeres hermosas eran los más solicitados.

¿Acaso creías que todos los cautivos, solo por el hecho de serlo, se volvían iguales en Argel? Todo lo contrario. El negocio de la extorsión y del secuestro y, por tanto, el trato recibido, depende de la capacidad económica de los cautivos en sus tierras de origen, o lo que los corsarios creían que podían sacar de sus familias o de sus órdenes religiosas.

En Argel, eres lo que vale tu rescate: ni más ni menos.

En Argel podemos establecer una particular clasificación de los cautivos teniendo en cuenta un único criterio: el dinero.

Detengámonos un momento en esta particular lista, y sigamos de cerca el gráfico que podría proyectarse en cualquier plató de televisión.

En la parte más baja del gráfico se encuentran los *cautivos de almacén*, por los que se pide el rescate más económico. Estaban destinados a los trabajos más duros y necesarios para el mantenimiento de Argel (desde ser galeotes hasta dedicarse a trabajos más artesanales o necesarios para el mantenimiento de los palacios y de las casas).

La mayor parte de la gráfica, la que sustenta el sistema económico argelino, son los *cautivos de rescate*, cuyo precio oscilaba entre los 200 a los 500 escudos de oro. Se guardaban en los baños del rey o de los grandes señores, sin tener que hacer otra cosa que estar a la espera de su rescate (y pagar los gastos mínimos de su mantenimiento). Un baño, como dirá Cervantes en la novela del cautivo del *Quijote*, «es una prisión o casa donde los turcos encierran los cautivos cristianos».

Los cautivos de almacén eran un caladero de renegados, que les permitía comenzar un nuevo proyecto vital en tierras del imperio turco. Un esclavo, un cautivo podría llegar a ser rey de Argel. Y no es un caso hipotético: así le sucederá a Hazán Bajá, pero también el caso de su antecesor, Rabadán Bajá, que, siendo pastor de cabras en su Cerdeña infantil, fue hecho cautivo y llevado a Argel, donde renegó de la fe cristiana y comenzó su ascenso social, que le llevaría en 1574 a ser nombrado rey argelino, habiendo sido ya gobernador de Túnez en 1569.

Y es desde esta perspectiva social y económica desde donde tenemos que comprender a Cervantes durante sus cinco años de cautiverio. Tanto lo que hizo (y no sabemos) como lo que él quiere contarnos de lo que le pasó durante este tiempo.

La Argel de Cervantes, con su población mayor que la de Roma o Palermo, con alrededor de 120.000 habitantes, de los que más de un cincuenta por ciento son renegados, va más allá de la visión particular e intencionada de la literatura de cautivos, de la *Topografía e Historia general de Argel* de Antonio de Sosa y de otros textos de la época, que son ficción (una construcción, un relato) y no historia.

Solo desde esta perspectiva podremos adentrarnos en este complejo universo con una mirada diferente a la de los biógrafos y estudiosos del siglo XVIII. ¡Algo habremos avanzado desde entonces, digo yo!

Y en este relato partidista no se libra ni Dios, ni tampoco el rey de Argel. Y más cuando este rey se llama Hazán Bajá, uno de los más sádicos y codiciosos según lo describe Antonio de Sosa en su obra.

Pero ¿hasta qué punto este relato no deja de ser también otra ficción, un personaje que poco tiene que ver con el Hazán Bajá hombre, que fue rey de Argel durante los últimos años de cautiverio de Cervantes?

Hazán Bajá personaje: ¿sádico y lujurioso… y sodomita?

Hazán el Veneciano, el rey de Argel desde 1577 a 1580 y el último de los amos de Miguel de Cervantes, tiene fama de ser uno de los mayores sodomitas de Argel, y de ahí la atracción que pudiera sentir por Miguel de Cervantes —entre tantos otros cautivos.

¿Cómo no va a desear a Cervantes nada más conocerlo? Imposible no caer rendido a sus encantos varoniles de un ser tan heroico y varonil.

Así lo han repetido todos los que se han acercado al caso de la presunta homosexualidad de Cervantes.

Pero ¿de dónde procede esta imagen?

Un lector de la *Topografía e Historia general de Argel* de Antonio de Sosa abriría los ojos como tú lo estás haciendo en este momento. ¿Fama de sodomita de Hazán Bajá durante el tiempo que fue rey de Argel? ¿El mismo Hazán Bajá que terminó casado con la hija de Agi Morato, uno de los hombres más ricos de todo el Mediterráneo, y además viuda del rey de Marruecos?

Antonio de Sosa, con toda la inquina que le tiene por ser un rey codicioso y sádico con los cristianos, le reconoce también una cierta sensibilidad, haciéndose eco de la hermosa tumba que le hace levantar a uno de sus hijos muertos en uno de los cementerios de la ciudad.

En la construcción del personaje Hazán Bajá, Antonio de Sosa va a destacar dos aspectos, que tampoco le son propios ni exclusivos: el sadismo y la codicia. De ambos había dado muestra en sus años al servicio de su amo Euch Alí, pero ahora ha llegado el momento de mostrarse en todo su esplendor. A fin de cuentas, no deja de ser el rey. Un joven rey que llega a Argel recién cumplidos los treinta años. No olvidemos que Hazán Bajá y Miguel de Cervantes tienen casi la misma edad. Y este dato, como ya hemos visto, no es baladí en la posible relación homoerótica que podrían haber mantenido.

Hazán Bajá, frente a la forma de actuar de su antecesor, se va a presentar en el relato de Antonio de Sosa como una «bestia cruel», sobre todo contra los cristianos. Si era un cautivo de rescate, se lo apropiaba para cobrar él su rescate; y, en el caso de ser pobre, se deleitaba viendo cómo le mataban a palos en su presencia, e incluso les cortaba la nariz o las orejas, participando él mismo de algunas de estas torturas.

¡Una pieza!

Pero con ser el sadismo aspecto esencial en la construcción del personaje odioso (contrapunto de la imagen idealizada del rey cristiano), Antonio de Sosa le dedicará mucho más espacio a otro de sus defectos, que justifica buena parte de su conducta: la codicia.

A su llegada a Argel, el nuevo rey va a desplegar un programa de robo sistemático:

a) Toma para sí todos los cautivos de rescate que había en Argel.
b) Obliga a todos los arráeces (capitanes de barcos) y corsarios a pagarle 1/5 de sus ganancias (frente al 1/7 de los reyes anteriores).
c) Compra trigo, y otros productos básicos (manteca, aceite, miel o legumbres), que luego vende a precios desorbitados en momentos de escasez.
d) Todos los cautivos que habían de ser rescatados primero tenían que ir a su presencia «y como le pareciese que podía con él ganar más de 30 escudos, pagaba a su patrón y lo tomaba para sí, y después se había el pobre cautivo de rescatar a millares de escudos»...

Sin duda exagera Antonio de Sosa, pero hay mucha verdad en la codicia de Hazán Bajá, que sabía que su única manera de sobrevivir en el complejo laberinto de la corte otomana era amasando una buena fortuna en los tres años que duraría su reinado, teniendo además en cuenta que su protector, Euch Alí, era muy mayor y estaban cambiando los aires del poder en Estambul.

Tres años en los que enriquecerse y en los que mostrar su autoridad en Argel.

Pero Argel es mucho Argel.

No fueron fáciles los tres años del reinado de Hazán Bajá: son los años de las negociaciones entre la Monarquía Hispánica y la Sublime Puerta para un periodo de tregua en el Mediterráneo y que parece que se va a conseguir justo en 1577, el año de la llegada de Hazán Bajá a Argel (y en los que veremos que el nuevo rey podía tener un papel muy activo).

Pero son también los años de ver cómo Felipe II reúne una gran cantidad de naves en Cádiz. Se dice que son para avanzar en la petición dinástica en Portugal, pero los rumores no dejan también de hablar de un posible ataque de Argel. Así que se hace necesario mejorar las fortificaciones de la ciudad.

Son también los años de malos resultados en el corso y de una gran hambruna en la ciudad —que él aprovechará para enriquecerse—, con una mortandad que se ceba con los más pobres, ya sea en las calles de Argel o entre los cautivos de almacén, los más pobres de toda la ciudad. Las cifras —aunque exageradas de Antonio de Sosa— no dejan de ser escalofriantes (y precisas, como nos tiene acostumbrados nuestro autor): solo en un mes en 1580 murieron 5.656 «moros pobres».

No vale la pena seguir con estos datos, pero resulta apasionante la complejidad de la vida política (y económica y social) del

Mediterráneo por estos años. Nada que ver con un reinado tranquilo, sosegado, dado a los pequeños y grandes placeres de la vida ociosa.

¿De dónde procede entonces la fama de sodomita de Hazán Bajá, que ha llegado hasta nuestros días como un tópico, como una verdad recibida y, como tal, se repite en todos los estudios que se adentran en este tema?

Todo procede de un dato de su juventud, cuando se convierte en un bardaje, es decir, un garzón, un sodomita joven que tiene el papel de pasivo en la relación con un hombre mayor que él, el conocido como bujarrón.

La historia de Hazán el Veneciano sigue el guion de tantos renegados del momento: cuando es niño, el joven cristiano veneciano Andreta es hecho cautivo y llevado a Trípoli. Allí se hace renegado tomando el nombre de Hazán. A la muerte de su amo, al no tener hijos, pasa a ser esclavo de Dragut, rey de Trípoli, que en 1565 muere también sin descendencia, por lo que caerá en manos de Euch Alí (Ochali en los textos de Sosa y de Cervantes), uno de los hombres más poderosos e influyentes del imperio otomano, y que será su benefactor, «muy querido» de su amo. Y lo será por su carácter (siempre astuto, entremetido, audaz, atrevido y desenvuelto, en palabras de Sosa), pero también por «otras bellaquerías de turcos», que es una manera elegante de denominar la sodomía.

Y así comienza su carrera, siendo uno de los amantes de Euch Alí, que le llevará primero a ser nombrado su *elami*, «esto es, tesorero o recaudador de sus rentas y pagador de todas sus pagas» cuando Euch Alí sea nombrado rey de Argel, así como será él mismo nombrado rey en 1577, gracias al apoyo del que fuera su amo y su amante.

Esta misma noticia de los orígenes de Hazán Bajá son los que recordará el capitán Viedma en la *Historia del cautivo*, que recupera la imagen del Hazán personaje que había difundido Antonio de Sosa (una vez más los hilos narrativos de nuestros dos autores crean un mismo tapiz literario):

> y yo cupe a un renegado veneciano que, siendo grumete de una nave, le cautivó el Uchalí, y le quiso tanto, que fue uno de los más regalados garzones suyos, y él vino a ser el más cruel renegado que jamás se ha visto. Llamábase Azán Agá, y llegó a ser muy rico, y a ser rey de Argel; con el cual yo vine de Constantinopla. (I, cap. 40).

«Uno de los más regalados garzones suyos».

Estas son las noticias que se tenían de Hazán Bajá-personaje a estas alturas de la película cervantina en el siglo XVIII, con la lectura interesada de la *Topografía e Historia general de Argel* de Antonio de Sosa, que venía a ser la piedra de toque que demostraba que «todo» lo narrado por Cervantes en sus textos era crónica histórica de la realidad vivida en Argel y no imaginaciones de un escritor.

Entrecruzando los datos de estos dos amigos escritores, se crea el personaje Hazán Bajá, que es el malo de la película, como Cervantes se alzará con el papel del héroe.

¿No es extraño que en la construcción inicial del personaje Hazán Bajá de la mano de Antonio de Sosa no aparezcan sus tendencias sodomitas como un elemento esencial para caracterizarlo? ¿Se esconde este dato para no contaminar la imagen mítica de Cervantes —el encubrimiento del que se hablará en el siglo XX? ¿O más bien hemos de pensar que este dato se «inventa» y se ofrece como un hecho histórico contrastado en los años ochenta contaminando la figura de Hazán Bajá con la descripción de la cotidianidad sodomita de Argel?

¡Bienvenido, míster Cervantes-mito!

Llegados a este punto de nuestro viaje, permíteme que te haga una confesión. En las páginas preliminares, te anunciaba la posibilidad de encontrarnos con varias sorpresas, con llegar a espacios nunca transitados. Te confieso que nunca pensé que el siglo XVIII iba a ser uno de ellos. Y eso que ya había escrito sobre la primera biografía cervantina o sobre la *Topografía e Historia general de Argel* de Antonio de Sosa.

Pero aquí estoy, disponiéndome a comenzar este capítulo (y que tú estás a punto de empezar a leer) y este siglo XVIII se presenta como esencial para comprender cómo se ha levantado el imponente edificio del Cervantes-mito. Un siglo que ha sido, más que el tiempo, el verdadero escultor de la mayoría de las imágenes cervantinas que se han quedado grabadas en el imaginario colectivo. El siglo XIX, con nuevos datos y documentos, solo vendrá a llenar de detalles lo construido en este siglo, la consolidación del pecado original biográfico, la senda que recorrerán también las biografías de los últimos siglos.

A finales del XX, Rosa Rossi en un libro esencial en nuestra travesía, *Escuchar a Cervantes*, hablaba de encubrimiento para explicar la ausencia de referencias homosexuales en los estudios sobre la vida o las obras de Cervantes.

Y desde la atalaya de este inaugural siglo XVIII, me doy cuenta de lo errónea de su afirmación. Encubrir necesita de una voluntad por ocultar algo. En estos momentos inaugurales, es otra la intención de los primeros biógrafos, más atentos a descubrir que a encubrir. Y, sobre todo, más atentos a darle carta de identidad biográfica (y por tanto documental) al Cervantes-personaje que el propio autor había dibujado en sus obras. Ese determinado personaje ideal construido para que le sirviera de apoyo en sus demandas de merced ante Su Majestad en el momento de volver a la corte, después de su vida de soldado y de sus años de cautiverio.

En esta segunda etapa de la vida de Cervantes, siguiendo el símil de Marguerite Yourcenar, estaríamos ante el deseo de esculpir con documentos una estatua similar a la que Cervantes había hecho con palabras: «Vida de Cervantes Saavedra por él mismo». El pecado original de las biografías cervantinas —el mismo pecado original de los retratos que conocemos de Cervantes— se vuelve historia en el siglo XVIII.

Y no deja de ser curioso que la palabra cervantina es palabra-de-dios-te-alabamos-señor cuando alude a escenas o personajes que pueden relacionarse con su vida, pero se olvidan cuando Cervantes opina sobre sus propias obras o sobre su particular programa literario, donde el *Quijote* resulta una obra marginal.

Así, en realidad, el acercamiento a Cervantes en el siglo XVIII lo podríamos titular: «Vida de Cervantes por él mismo y contra sí mismo», pues el Cervantes escritor, a medida que pasan los años, va a reducirse a ser EL autor del *Quijote*.

Así lo hizo Mayans y Siscar en 1738.

Y así lo hará Vicente de los Ríos, con su *Vida de Cervantes* y su análisis del *Quijote*, que se situará al inicio de la edición de la obra que impulsa la Real Academia Española, el famoso *Quijote* de Ibarra de 1780 (que compite directamente para arrebatarle toda la autoridad al *Quijote* de lord Carteret de 1738).

Y así lo hará Juan Antonio Pellicer, con su *Vida de Cervantes*, en el primer tomo de la magnífica edición que Antonio de Sancha comienza a publicar en 1797, que retoma muchos de los datos aportados en su *Ensayo de una biblioteca de traductores españoles*, que el mismo Antonio de Sancha había dado a conocer casi veinte años antes.

En el siglo XVIII se ha impuesto un modelo de acercamiento a la vida de Cervantes que, sin grandes cambios, se mantiene en la arquitectura de las actuales: una biografía pensada a partir del Cervantes-personaje ideado por el escritor Cervantes, al que se le añaden noticias documentales o de otras obras de la época, que vienen a ratificar lo escrito por nuestro autor, a llenarlo de detalles. Y para dar autoridad histórica y científica a este relato, al final de estas biografías se añade un apartado («Pruebas y documentos que justifican la vida de Cervantes»), donde se discute y se transcriben los documentos conocidos en cada momento.

Así se ha escrito la historia.

Así se ha esculpido la estatua del Cervantes-mito en el siglo XVIII.

La carrera frenética por la búsqueda de documentación relacionada con la vida de Cervantes nunca ha tenido la finalidad de acercarse al Cervantes-hombre. Todo lo contrario. Interesa solo la documentación para sostener y demostrar que todo lo escrito por Cervantes relacionado consigo mismo fueron testimonios autobiográficos; en decir, históricos y verdaderos.

No interesan ahora los Siglos de Oro, no interesan ahora las dudas, los errores, los aciertos, las alegrías y las penas, las soledades, las venganzas, las arbitrariedades, los deseos y las desilusiones sexuales del Cervantes-hombre.

¿A quién le interesa este Cervantes de carne y hueso, con sus ambigüedades y contradicciones (como cualquiera de nosotros), cuando puede acercarse y conocer mejor al Cervantes que ha sido capaz de escribir el *Quijote*, que no puede ser otro que un

Cervantes-mito, un Cervantes único, ejemplar y heroico? ¿Cómo no va a ser más atractivo este Cervantes-mito que se va imponiendo al resto de los autores de este momento, y que lo vinculan directamente con los grandes autores épicos de la Antigüedad, a la altura de Homero o de Virgilio? No nos olvidemos de que estamos viajando por el Siglo de las Luces, por este siglo XVIII de la razón… que produce monstruos.

La documentación solo se busca para llenar de detalles la vida del Cervantes-personaje. Por ejemplo, ya sabemos por el propio Cervantes que tuvo un papel destacado en la batalla de Lepanto, y ahí están sus heridas para certificarlo. Juan Antonio Pellicer, al llegar a este punto, recuerda la visita que al día siguiente de la victoria hizo don Juan de Austria a los soldados heridos. A pesar de ser un simple soldado bisoño, Cervantes será distinguido como uno de los más señalados:

> El día siguiente a esta victoria, que fue el 8 de octubre del mismo año, visitó D. Juan de Austria a los soldados encareciendo su valor. […] Es verosímil que alguna gratificación alcanzase a Cervantes, supuesto que no lo desmerecía por su acreditado valor, como lo daba bien a entender su mano izquierda estropeada y sin movimiento.

«Es verosímil…» si estamos hablando del Cervantes-mito. Del Cervantes-hombre hoy sabemos que después de Lepanto pasa a ser un soldado aventajado, por lo que recibirá un aumento de su soldada, así como una ayuda para curarse de sus heridas, como otros miles de soldados que intentaban sobrevivir en el hospital de Mesina.

Y ¿qué decir de su comportamiento en los baños de Argel?

Vicente de los Ríos también se pregunta cómo es posible que Cervantes no sufriera castigos de sus amos argelinos —siempre crueles y codiciosos— después de ser descubiertos sus intentos de fuga. Pero sus palabras —heroicas y ejemplares— han marcado una forma de entender al Cervantes-mito, que aún sigue presente en nuestro imaginario, por lo que no me resisto a reproducirlas.

> Parecerá, sin duda, cosa maravillosa que Cervantes escapase sin castigo alguno en medio de estos atentados, y que pudiese salir ileso entre dueños tan tiranos y enemigos de la humanidad; pero el valor sólido y el ánimo heroico y extraordinario son prendas recomendables y respetadas hasta de los mismos bárbaros. No es mucho pues que Arnaute y Hazán, ambos verdugos de sus esclavos, perdonasen a Cervantes, ni tampoco que este rey le distinguiese entre los demás cautivos con una benignidad y templanza tan opuesta a su elevación y a su natural carácter. Hay un cierto respeto, que no ha sido establecido por convenio de los hombres, y que la naturaleza misma se ha reservado para disponer de él en favor del mérito y de la virtud. (Párrafo 22).

Así se escribe la historia.

¿A qué se dedica Cervantes a su vuelta de Argel, además de casarse con Catalina de Salazar en Esquivias, como se conoce gracias al descubrimiento de sus esponsales el 12 de diciembre de 1584? Vicente de los Ríos lo tiene claro: ¿a qué puede dedicarse el autor del *Quijote*?

> Luego que llegó a ella, dejó correr libremente su inclinación a la poesía y letras humanas. Como el forzado sacrificio, que había hecho de esta pasión a su adelantamiento, no le produjo ventaja alguna, abrazó con mucho gusto el sosiego y tranquilidad de las Musas, ocupándose todo el resto de su vida en escribir obras divertidas, ingeniosas y útiles, las cuales le proporcionaron en la secreta

complacencia de seguir su inclinación un desquite de su mala fortuna, recompensándole en parte las desgracias y trabajos que acababa de padecer. (Párrafo 25).

«Ocupándose todo el resto de su vida a escribir...». Curiosa reducción de la complejidad —y la fascinación— del Cervantes-hombre, reducido a Cervantes-escritor y, de aquí, con el paso de los años, a Cervantes-escritor del *Quijote*.

Así se ponen los cimientos del Cervantes-mito.

Y de este siglo XVIII nace otro de los tópicos cervantinos que aún hoy perdura en muchos manuales de literatura: el escritor que murió pobre e incomprendido, pero cuya obra excelente (léase el *Quijote*) le ha alzado como el «príncipe de los ingenios», con el paso de los siglos. Una España mezquina la de su tiempo, frente a la otra del siglo XVIII que comienza a reconocer su valía y la del siglo XIX que comenzará a llenar de estatuas de bronce sus plazas.

> Si hubiera florecido este ilustre español en Atenas o en Roma, le hubieran erigido estatuas, y trasladado su vida a la posteridad con aquella noble elocuencia, con que sabían honrar el mérito de los Varones. En España no fue celebrado dignamente entonces por falta de diligencia, o de voluntad; las presentes noticias de su vida recogidas y ordenadas ahora, sin otro objeto que un desinteresado y honesto amor de la patria, merecerán disculpa, si no mereciesen alabanza. (Párrafo 123).

El siglo XVIII va a ver cómo se desarrolla la increíble y triste historia de Cervantes como autor menguante, de autor de una sola obra (el *Quijote*), sobre cuyo éxito mundial se ha asentado la construcción del Cervantes-mito.

Ahora solo queda llenar de detalles su biografía: la del escritor, la del genial autor de la obra más influyente de la literatura occidental.

Comenzábamos a principios del siglo XVIII dudando sobre qué modelo narrativo seguir, si el decoro del *Quijote* de Alonso Fernández de Avellaneda o el de la voluntad del *Quijote* de Miguel de Cervantes.

Esta polémica ya está superada, y la Real Academia Española —ese nido de afrancesados al principio de la centuria— ya ha dado su veredicto con la publicación de su edición, terminada en 1780, cuya introducción comienza con estas palabras, un poco hiperbólicas (y un tanto mentirosas), pero que son las palabras del sentir de buena parte del pueblo:

> Sería abusar de la paciencia de los lectores, y perder el tiempo inútilmente, detenerse en este prólogo en recomendar una obra que, por el largo espacio de cerca de dos siglos, ha corrido siempre con el mayor aplauso y estimación entre las naciones cultas, habiendo merecido a todas ellas muy grandes elogios.

Yo tampoco quiero abusar de tu paciencia, y doy por terminado este capítulo, marcando a fuego cómo el siglo XVIII pone los cimientos de la construcción del Cervantes-mito. Un Cervantes asexuado. Un Cervantes que se ha vuelto de mármol en su conducta ejemplar y heroica.

¿Te acuerdas, querido lector, de la «historia particular» que podría contarse de las hazañas de «un tal de Saavedra» en los baños de Argel de las que habla Cervantes en la *Historia del cautivo*?

El siglo XIX va a comenzar su andadura con una guerra —en este caso, contra la invasión francesa—, pero también con un descubrimiento colosal: la *Información de Argel*.

¿Te imaginas lo que supuso poder leer un documento de la época de Cervantes, que Cervantes tuvo entre sus manos, y comprobar que en este documento excepcional se decía lo mismo que había escrito Cervantes de sí mismo y lo que Antonio de Sosa había ya certificado en su *Topografía e Historia general de Argel*?

¡Bienvenido, míster Cervantes-mito!

IV. ¿EL VERDADERO CERVANTES O UN CURRÍCULUM MAQUILLADO?

El descubrimiento de la *Información de Argel* o cómo encontrar una aguja en un pajar

A pesar de que me lo ha contado varias veces y de que siempre que lo recuerda se le iluminan los ojos y se le dibuja una particular sonrisa en los labios, me es imposible describir el momento en que mi buen amigo, el archivero José Cabello Núñez, descubrió en un margen de un documento de su pueblo la indicación de «Miguel de Cervantes». Puedo recuperar el día —e incluso la hora exacta—, el lugar y el trabajo de catalogación que estaba llevando a cabo de los documentos de la sevillana La Puebla de Cazalla, pero no esa sensación del corazón, que empieza a agitarse, las manos que sudan, los ojos que necesitan, una y otra vez, volver a lo que acaban de descubrir: la referencia documental del paso del comisario real de abastos Miguel de Cervantes por La Puebla de Cazalla el 5 de marzo de 1593. Este es el primero de los setenta documentos cervantinos que José Cabello ha ido descubriendo en los últimos años desde aquel agosto de 2014.

¡Y parece que fue ayer!

Quizá te estés preguntando a santo de qué te cuento esta historia. Y es que me ha venido a la cabeza porque es la emoción que sentimos todos y cada uno de los que nos dedicamos a la investigación, archiveros y bibliotecarios, cuando somos los elegidos para revelar un nuevo documento al mundo. Yo mismo he podido sentirlo en mis propias carnes con algún hallazgo fortuito.

Y hablando de documentos. Nos toca adentrarnos en el que es, hoy por hoy, el pilar sobre el que se asienta la imagen del Cervantes-mito desde el siglo XIX hasta nuestros días y el documento que está en la base de buen número de las teorías sobre la homosexualidad de Cervantes: la *Información de Argel*.

Conocemos la fecha del descubrimiento: 12 de enero de 1808.

Sabemos también el nombre de su descubridor, Juan Agustín Ceán Bermúdez, director del Archivo de Indias desde 1801. Amigo de Jovellanos, de Moratín o de Goya, entre otros tantos ilustrados del momento, Ceán Bermúdez recibe en 1804 el encargo personal del rey Carlos IV de buscar documentos que permitieran comprender la relación de Cervantes con Sevilla. ¡Menudo encarguito para quien unos años atrás había escrito el *Diccionario histórico de los más ilustres profesores de las Bellas Artes en España*, que gozó de un gran éxito!

Pero al rey Carlos IV no se le podía decir que no, y menos en esos años en los que el poder de Napoleón era insultante en Europa y el futuro de España colgaba de un hilo.

En ese encargo estaba cuando, una mañana del 12 de enero de 1808, se encontró entre sus manos, por primera vez, un legajo con el siguiente título:

> Información de Miguel de Cervantes de lo que ha servido a Su Majestad y de lo que ha hecho estando cautivo en Argel, y por la certificación que aquí presenta del duque de Sessa se verá cómo, cuando lo cautivaron, se le perdieron otras muchas informaciones, fes y recados que tenía de lo que había servido a Su Majestad.

En aquel instante, Ceán Bermúdez no lo sabía —¡aquello estaba tan lejos de su pasión por la historia del arte!—, pero aquel 12 de enero de 1808 se iba a grabar en letras de oro en la historia del cervantismo.

Aquel documento que comenzó a leer era un viaje de ida en la comprensión de la vida de Cervantes, el más completo, el más rico en datos de los que hemos conservado. Pero ¿qué tipo de datos?

Martín Fernández de Navarrete, académico de la RAE y cervantista de pro, leyó una copia de este documento en marzo de aquel año, justo unos meses antes del comienzo de la guerra de la Independencia. Y lo leyó sabiendo que estaba haciendo historia, que este documento iba a ser la columna vertebral de la nueva biografía que estaba escribiendo, y que vio la luz en 1819, como quinto tomo de una nueva edición del *Quijote* promovida por la Real Academia Española.

¡Ahí está, por fin, el Cervantes de verdad!, se dijo Navarrete, mientras leía los folios.

Y así comenzó a escribir lo que estaba sintiendo durante su lectura, pues gracias a estas informaciones ahora tenía «ideas más cabales y extensas sobre los servicios y empresas de aquel hombre memorable, y sobre la elevación y dignidad de las prendas de su ánimo».

Y los adjetivos están elegidos con toda la intención para ser la peana de mármol del Cervantes-mito que triunfará desde el siglo XIX hasta nuestros días: «hombre memorable» y la «elevación y dignidad» de su ánimo. Después de la biografía de Mayans y Siscar, no hay obra que haya tenido más repercusión que la de Navarrete: pone las bases del cervantismo científico del siglo XIX.

Pero ¿de qué hablamos en realidad cuando hablamos de la *Información de Argel*? ¿Un documento administrativo o judicial? ¿Un documento histórico? ¿O más bien, otro ladrillo —¡y menudo ladrillo!— en la construcción del Cervantes-personaje? ¿Un currículum? ¿Un texto difamatorio contra otros cautivos de Argel?

Conchita, prepara el polígrafo, que viene Cervantes con sus amigos

¿Por qué razón se encuentra la famosa *Información de Argel*, realizada en octubre de 1580 en una ciudad mediterránea, entre los documentos enviados al Consejo de Indias, que centralizaba todas las actividades relacionadas con América?

Lo que encontró Ceán Bermúdez en 1808 es la última de las peticiones de Miguel de Cervantes para ocupar alguno de los puestos vacantes en América, una de tantas mercedes que solicitó por estos años.

Seguramente habrás leído por ahí que a Cervantes no le dejaron ir a América por sus orígenes judíos, por no poder demostrar que era un «cristiano viejo».

¡Ay, qué lejos de la realidad del Cervantes-hombre!

Hasta en cuatro ocasiones —como mínimo— pidió ir Cervantes a América, cumplir su particular sueño americano; pero Cervantes no quería embarcarse a América en busca de aventuras: deseaba llegar allí con un nombramiento bajo el brazo, como un medio para comenzar su carrera dentro de la compleja burocracia de la Monarquía Hispánica. ¡El tan ansiado oficio!

Cervantes quiso ir a América, como pago de sus servicios, con una merced.

Y en mayo de 1590, fecha de esta última petición, esta merced se podía concretar en cuatro puestos que estaban a la espera de ser ocupados por nuevos funcionarios: contador del Nuevo Reino de Granada (es decir, la actual Colombia), gobernador de la provincia de Soconusco (actualmente en el estado mexicano de Chiapas), contador de las galeras de Cartagena de Indias o corregidor de la ciudad de La Paz.

¿Picaba demasiado alto nuestro Cervantes?

Me temo que sí, a tenor de lo que sabemos de quiénes fueron los elegidos para ocupar estos puestos vacantes: todos ellos, o soldados de alto rango (capitanes) o hijos o parientes de otros tantos cortesanos, con los que se les pagaba sus servicios a la Corona.

Ni Cervantes había llegado a capitán ni su círculo familiar (o clientelar) era tan poderoso como para que su nombre pudiera aparecer entre los tres propuestos para que el rey eligiera al que debería ocupar cualquiera de estos cargos.

¿Cómo es posible que el rey no fuera más sensible y conceder alguna merced a un soldado y cautivo tan valiente como Cervantes? Pregunta que se repite desde las primeras biografías hasta nuestros días... ¿Será porque hay decenas y decenas de pretendientes, también soldados y cautivos, mejor colocados en aquel momento que Cervantes para ser funcionarios? Decenas y decenas... e incluso centenares.

Pero volvamos a 1590, al mes de mayo de 1590, cuando Cervantes escribe, una vez más, al Consejo de Indias para solicitar un puesto vacante en América.

La «instancia» que envía en aquel momento al Consejo de Indias comienza con su particular EXPONE (que sabe que hay cuatro puestos vacantes en América), y sigue con su SOLICITA (su capacidad para ocuparlos, dados los servicios que ha prestado a la Corona en los últimos veinte años, como soldado, cautivo y mensajero real), para concluir con la documentación que avala su petición: un certificado firmado por el duque de Sessa, que había sido su superior en los tercios italianos, dando cuenta de su brillante carrera militar; y una copia de la *Información de Argel*, escrita en Argel en 1580 después de ser liberado, donde daba cuenta de su paso —heroico y ejemplar— por el cautiverio argelino… y algo más.

Siempre hay algo más…

Este es el expediente completo que Ceán Bermúdez encontró en el Archivo de Indias en enero de 1808. Y dentro de esta unidad documental hay que estudiar y comprender cada uno de los documentos que la componen.

A lo largo de mis más de treinta años de profesor universitario, he perdido la cuenta de las innumerables cartas de recomendación que he escrito para apoyar las peticiones de alumnos y de colegas. Una beca, un puesto de trabajo o la asistencia a un curso o a un congreso (es decir, una merced) podía depender del tono y del contenido de uno de estos documentos firmados por mí. En mis más de treinta años de carrera universitaria puedo afirmar que nunca he mentido en ninguna de las que he firmado, pero también que, en todas ellas, he ofrecido la imagen más perfecta de las virtudes de los interesados.

Y así ha de ser. Esta es su naturaleza.

Una *Información* es lo más parecido a una carta de recomendación o a un currículum. Un documento que la mayoría de los cautivos quieren tener a su vuelta a la corte para demostrar su conducta durante aquellos años, que es siempre ejemplar y heroica.

Miguel de Cervantes la realizará en Argel, unos días antes de tomar el barco que le devolverá a España; y así, entre sus testigos, podrá contar con autoridades eclesiásticas y compañeros de cautiverio.

Otros la harán después de su vuelta a España, como, por ejemplo, la *Información* de Rodrigo de Chaves —uno de los testigos presentados por Cervantes en Argel—, que la llevará a cabo en Madrid, en diciembre de este mismo año de 1580. Y, en esta ocasión, presentará a Miguel de Cervantes como uno de sus testigos.

Todo queda en casa.

Como todo queda en casa en su estructura: la «información», como has podido deducir, es un mecanismo polifónico, donde convergen varias voces con la intención de ofrecer una única «verdad». Por eso, es un artefacto perfecto para defender un particular relato sobre los hechos sobre los que quiere informar.

La «verdad» de las preguntas, que redacta el propio peticionario.

La «verdad» de la transcripción de las respuestas a estas preguntas que comunican los testigos ante el escribano. Testigos que elige y presenta también el peticionario.

«Conchita, prepara el polígrafo, que viene Cervantes con sus amigos».

Conchita es una poligrafista muy popular en España por su participación en un programa de televisión en que se retaba a algunos «famosos» a enfrentarse al polígrafo, la máquina de la verdad, para saber si mentían o no en sus declaraciones.

Pero el escribano apostólico Pedro de Ribera, quien recoge los testimonios a las preguntas redactadas por Cervantes en la *Información de Argel*, no es Conchita, no tiene delante una máquina que, gracias al registro de reacciones fisiológicas de los testigos al responder a las preguntas, pueda distinguir entre la verdad y la mentira de lo que están diciendo.

En las informaciones, en la *Información de Argel*, el escribano solo deja constancia de lo que ha escuchado de cada uno de los testigos, que previamente juran decir la verdad y solo la verdad. Es decir, los detalles que quieren aportar al relato, a la ficción, al currículum que el peticionario ha escrito en sus preguntas. No le compete al escribano indagar si dicen la verdad o si mienten.

Miguel de Cervantes, como tantos otros soldados cautivos, volverá a España con una «información» bajo el brazo, donde se deja constancia documental de su buena conducta durante su estancia junto a renegados, a personas de vida lujuriosa y de otras religiones. Un currículum ejemplar y heroico para poder presentarlo ante los Consejos de la Monarquía Hispánica y así conseguir un pago (una merced) por los servicios prestados, como lo hizo, en última instancia, en 1590 ante el Consejo de Indias.

¿Hasta cuándo vamos a seguir considerando la *Información de Argel* un documento administrativo, casi como una investigación judicial, como he visto, erróneamente, escrito en algún artículo?

La *Información de Argel* forma parte de un modelo documental muy habitual en la época, en la que Miguel de Cervantes desea ofrecer una particular imagen de sí mismo, dando cuenta de esos cinco años de cautiverio. Una imagen, un currículum, que se llena de detalles en el testimonio de los testigos. Pero ¿alguien podría llegar realmente a conocernos a partir de la lectura de uno de nuestros currículums? ¿Acaso no mostramos siempre en ellos nuestra mejor cara, el mejor de nuestros perfiles profesionales, siempre adaptado a la finalidad por la que lo presentamos? ¿Acaso no es el currículum la construcción de un personaje de nosotros mismos?

«Yo dijera algo de lo que este soldado hizo»: el triunfo del Cervantes más heroico y ejemplar

Te propongo, lector amable, un viaje en el tiempo. Sin máquinas y sin tormentas eléctricas: un viaje gracias al poder de la imaginación y de la literatura. Abandona tu cotidianidad, levántate y acompáñame al 14 de octubre de 1580, y convirtámonos en un testigo más de la *Información de Argel*.

Hace calor. Demasiado calor aquella mañana.

El escribano apostólico Pedro de Ribera, sentado en su mesa de trabajo, prepara la pluma, la tinta, los pliegos. Lleva seis días con esta información y ya está un poco cansado. ¡Y sabe que luego Cervantes querrá una copia para que sirva de justificación a sus peticiones de merced! ¡Y le queda tan poco papel!

Al final de la calle aparece la figura del fraile trinitario Juan Gil. Se acerca lentamente, cansado.

JUAN GIL: Buenos días, Pedro. ¡Ya nos queda menos! Mañana vendrá a testificar mi compañero el fraile carmelita Feliciano Enríquez.

PEDRO DE RIBERA: Buenos días, padre. Sí, ya queda menos. Una información más, que en estas fechas no paro. Y eso que esta ha sido de las más largas que recuerdo: ¡25 preguntas y 12 testigos! ¡300 declaraciones entre pecho y espalda! Cuando lo normal es que las informaciones sean de unas diez preguntas y se convoca a unos cinco testigos… ¡Es que no lo entiendo!

JUAN GIL: No te quejes tanto, que, en realidad, serán 11 testigos, que al pobre Antonio de Sosa no le dejan salir y nos mandará su declaración por escrito.

PEDRO DE RIBERA: Algo es algo... Hoy espero que acabemos pronto, aunque con Miguel nunca se sabe, que está pendiente de todo.

JUAN GIL: ¡Y cómo no lo va a estar! ¡Ahora que ha sido liberado necesita esta información como agua de mayo! Me ha dicho que hoy viene con tres testigos.

PEDRO DE RIBERA: ¿Cómo que tres? ¡No me va a dar tiempo!

JUAN GIL: No te preocupes, que uno de ellos es Diego de Benavides, que vino con el nuevo rey desde Constantinopla hace unos meses.

PEDRO DE RIBERA: ¿Y qué va a poder decir este pobre si casi no conoce nada de Argel ni de lo que se dice en sus calles y baños?

JUAN GIL: Ya sabes lo unido que está con Miguel, que desde que llegó no se separan. Para Diego, Miguel se ha convertido en su padre y en su madre, y que no sueña en otra cosa que volverse juntos a España. Es un buen chico. He comido varias veces con él y con Miguel. No nos llevará mucho tiempo su testimonio.

PEDRO DE RIBERA: Eso espero... que, con las preguntas contra Blanco de Paz, todos quieren mostrar su odio con todo lujo de detalles. Y así no acabaremos nunca.

JUAN GIL: No seas cascarrabias, que, en el fondo, te gusta conocer tantos chismes y cotilleos.

PEDRO DE RIBERA: Sí, pero tanta inquina tampoco es normal. Blanco de Paz tiene sus cosas, pero...

Por la misma calle por la que vino Juan Gil, aparece Miguel de Cervantes acompañado de sus tres testigos para este día: el hombre de letras Cristóbal de Villalón, de unos cuarenta y cinco años, el alférez Luis de Pedrosa, de unos treinta y siete años, y Diego de Benavides, de veintiocho. Miguel de Cervantes viene hablando muy acaloradamente con Cristóbal, y a su lado, Diego, que no pierde detalle de la conversación.

MIGUEL DE CERVANTES: ¡Buenos días nos dé Dios!

PEDRO DE RIBERA (*preparando el primer pliego y abriendo el memorial con las preguntas de Cervantes, para así no perder tiempo*): Buenos días a la concurrencia.

JUAN GIL: Buenos días... ¿y ya vienen vuestras mercedes discutiendo?

CRISTÓBAL DE VILLALÓN: ¿Y cómo no vamos a discutir si este mentecato dice que las letras castellanas nada tienen que envidiar a las italianas! ¡Hasta aquí podíamos llegar!

MIGUEL DE CERVANTES: Y te lo puedo demostrar si me escuchas. Pero ya tendremos ocasión de hablar de estos temas. Ahora a la información.

Sin más demora, Pedro de Ribera va leyendo una a una las preguntas que le ha entregado Miguel de Cervantes en su memorial, y uno a uno los testigos van respondiendo. Cristóbal de Villalón y Diego de Benavides, como se esperaba, han sido rápidos. Ahora le toca el turno al alférez Luis de Pedrosa.

PEDRO DE RIBERA (*mientras escribe va leyendo en voz alta*): En este dicho día, mes y año susodicho, para la dicha información, el dicho Miguel de Cervantes, ante mí, el dicho notario apostólico, trajo y presentó por testigo al alférez Luis de Pedrosa, natural de la villa de Osuna...

Y mientras va escribiendo las fórmulas protocolarias que Miguel ya se sabe de memoria de tanto escucharlas en estos días, no puede dejar de sonreír: ya queda menos para poder terminar la información y llevarse una copia a Madrid. ¡Después de cinco años! Luis de Pedrosa ha sido amigo suyo desde que le cautivaron hace dos años, y tiene mucho que contar ante el notario, a fin de cuentas, llegó a conocer a su abuelo, Juan de Cervantes, cuando fue corregidor en Osuna. Miguel de Cervantes miraba y sonreía a Juan Gil, que le devolvía la mirada y la sonrisa. Estaba orgulloso de cómo había redactado las preguntas, que sonaban bien contundentes, pero más estaba por los testigos que había elegido, entre soldados y eclesiásticos, buenos amigos que hablarían bien de él… y pondrían en su sitio al falso de Blanco de Paz.

PEDRO DE RIBERA: Pregunta 18. *Item*. Si saben o han oído decir que el dicho Miguel de Cervantes, que estando en este Argel cautivo cinco años, vivió siempre como católico, confesándose y comulgando en los tiempos que los cristianos usan y acostumbran; y que algunas veces que se ofrecía tratar con algunos moros y renegados, siempre defendía a la fe católica, posponiendo todo peligro de la vida; y animaba a algunos que no renegaran, viéndolos tibios en la fe, repartiendo con los pobres lo poco que tenía, ayudándolos en sus necesidades, ansí con buenos ejemplos como con las obras buenas que podía.

LUIS DE PEDROSA: Todo lo que ha dicho es verdad, porque desde hace dos años que le conozco y comunico con él le he visto en muchas ocasiones ir a misa, comulgar, y, sobre todo, defender la fe católica ante todos los que le quisieran escuchar. ¡Y ya sabe lo pesado que se puede poner Cervantes cuando se pone pesado!

MIGUEL DE CERVANTES: Bueno, querido Pedro, esto último no hace falta que lo ponga usted en la información, que tampoco son necesarios tantos detalles.

Pedro de Ribera: De acuerdo. Tú mandas. Sigamos con la siguiente pregunta. ¿Por dónde íbamos? Ah, sí, la n.º 19, que ya nos queda menos: *Item.* Si saben o han oído decir que, en todo el tiempo que el dicho Miguel de Cervantes ha estado en este Argel cautivo, siempre y de continuo ha tratado, comunicado y conversado con los más principales hombres cristianos, así sacerdotes, letrados, caballeros y otros criados de Su Majestad con mucha familiaridad, los cuales se holgaban de tenerle por amigo, tratar y conversar con él; y particularmente, si es verdad que los muy reverendos padres redentores que aquí han venido, como el muy reverendo padre fray Jorge del Olivar, redentor de la Corona de Aragón, y el muy reverendo padre fray Juan Gil, redentor de la Corona de Castilla, le han tratado, comunicado y conversado con él, teniéndole a su mesa y conversando con estrecha amistad.

Luis de Pedrosa: Es verdad. Mira que he conocido caballeros en Argel en este tiempo, pero ninguno como Miguel, que no deja de hacer el bien a otros cautivos, y no se vanagloria de ello ni lo pregona. A mí me encanta su compañía porque tiene especial gracia en todo. No he conocido a nadie tan discreto y avisado en todo Argel.

Miguel de Cervantes: No te olvides de decir con quién como y quiénes son mis amigos.

Luis de Pedrosa: Perdón, que se me había olvidado. ¿Cómo no van a querer comer y hablar con él los más distinguidos caballeros del baño? Así también el muy reverendo padre fray Juan Gil de la Corona de Castilla, aquí presente, que cuando está en Argel le gusta departir con él e invitarle a su mesa.

Pedro de Ribera: ¿Algo más, Miguel, que añadir o pasamos a la siguiente pregunta?

Miguel de Cervantes: Pasamos, pasamos.

PEDRO DE RIBERA: Vamos terminando, la 20: *Item*. Si saben o han oído decir que, estando el tiempo que el dicho Miguel de Cervantes ha estado aquí cautivo, no se ha visto en él algún vicio notable o escándalo de su persona, sino que siempre ha dado en palabras y obras muestras de persona muy virtuosa, viviendo siempre como católico y fiel cristiano, y por tal es de todos y ha sido habido y tenido y comúnmente reputado.

LUIS DE PEDROSA (*antes de contestar, mira a Cervantes, que le hace un gesto de asentimiento con la cabeza, y entonces toma aire, y responde sin pausa*): Para mí, Miguel de Cervantes es una persona honesta, limpia, quieta y apartada de vicios y malos pensamientos, casta y recogida, no acostumbrada a tratar ni cometer cosas feas en que venga a menoscabo. Y quien dijera lo contrario, miente y tendría que enfrentarse conmigo.

MIGUEL DE CERVANTES: Gracias, Luis, pero tampoco es necesario.

PEDRO DE RIBERA: Ya sé, no transcribo lo último…

Luis de Pedrosa sonríe. Miguel de Cervantes es su amigo y no va a dejar que nadie mienta contra él. ¡Hasta ahí podríamos llegar! Y así pasan los minutos y las preguntas y las respuestas. Y así pasan las horas. Al final de la mañana, el notario apostólico Pedro de Ribera le pasa el último folio al alférez Luis de Pedrosa para que firme, y así dejar constancia de su declaración.

PEDRO DE RIBERA: Pues hemos terminado por hoy. Mañana, el último de los testigos, ¿no, Miguel?

MIGUEL DE CERVANTES: Sí, nos falta fray Feliciano Enríquez. Ya sabe que a Antonio de Sosa no le dejan salir y nos mandará en estos días su declaración por escrito.

PEDRO DE RIBERA: Sí, ya lo sé… menos mal, uno menos.

Y mientras termina de recoger sus aparejos de trabajo, los pliegos, el memorial, el tintero, la pluma, el cartapacio donde guarda las declaraciones del día, que por la tarde pasará a limpio, no deja de farfullar algunas palabras que nadie entiende. En realidad, nadie ya le presta atención: Juan Gil departe con Miguel mientras abandonan juntos la calle. Detrás de ellos, Luis de Pedrosa y Diego de Benavides, que no se separa ni un segundo de Miguel de Cervantes.

Y hasta aquí esta pequeña pieza teatral para devolverte el tono y el instante de la escritura de la *Información de Argel.*

«Yo dijera algo de lo que este soldado hizo». Si tuviera tiempo, el capitán cautivo del *Quijote* nos hubiera regalado un relato concreto de las hazañas de un «tal de Saavedra» que conoció en su cautiverio en Argel. No hace falta. Para eso está Miguel de Cervantes, que, con la *Información de Argel*, con este particular currículum, nos ha ofrecido su particular ficción, su necesario relato: «Algo de lo que este soldado hizo».

Así se escribe la historia.

Así se ha escrito la historia de Miguel de Cervantes.

Así se ha escrito la historia del Cervantes-mito con el paso de los siglos, convirtiendo en «documento histórico» lo que no es más que un relato, una carta de presentación ante la corte para conseguir una merced, un currículum habitual —y casi diría que necesario— entre los que volvían del cautiverio.

Una información en que se dibujaba con detalles su vida ejemplar y heroica, su fidelidad al cristianismo y el deseo de seguir al servicio de la Monarquía Hispánica.

Pero la *Información de Argel* cervantina es algo más que una simple información.

¿Es posible que en este «algo más» puedan encontrarse indicios de su presunta homosexualidad? Así, al menos, lo ha entendido parte de la crítica moderna. ¿No estarán ellos también creando un mito nuevo para desbancar el mito cervantino heroico y ejemplar de la peana del imaginario colectivo?

V. «COSAS VICIOSAS, FEAS Y DESHONESTAS»

Juan Blanco de Paz, un nuevo villano en la biografía cervantina

La *Información de Argel*, a estas alturas de nuestro viaje, ha mostrado su verdadero rostro: un currículum muy bien pensado, donde Cervantes ha construido uno de sus mejores personajes literarios: él mismo.

Pero la *Información de Argel* es «algo más».

Todo héroe, de vida ejemplar y heroica, como le corresponde por guion, debe tener su villano. Y Cervantes-personaje no iba a ser menos.

Y ese villano tendrá un nombre: Juan Blanco de Paz, y será el protagonista de las últimas cinco preguntas, que forman un relato diferente que podemos titular: *Información de Argel contra Blanco de Paz*.

Juan Blanco de Paz ya había aparecido en la pregunta 15, cuando se habla del fracaso del último de los intentos de fuga cervantinos, en 1579, por la traición de este fraile dominico. Cuando estaba ya todo organizado, con más de sesenta caballeros —«los más lúcidos y principales» del baño de Hazán Bajá—, a punto de ser liberados, Juan Blanco de Paz, en venganza por no haber sido convocado a esta fuga, le descubre el plan al rey.

Y esta traición permite ofrecer al Cervantes-escritor una de las estampas más heroicas del Cervantes-personaje en toda la *Información*. Descubierto el intento de fuga que conllevaba la participación de varios mercaderes valencianos que habían comprado una nave, Miguel de Cervantes les calma a todos asumiendo toda la responsabilidad, sabiendo que se jugaba la vida en ello, como indica expresamente el texto cervantino. Ni las súplicas del comerciante Onofre Exarque, quien se ofrece a pagar su rescate para que se vuelva a España lo antes posible, ni las de sus compañeros le hacen cambiar de opinión. Todo lo contrario. Miguel decide entregarse voluntariamente a Hazán Bajá y asumir toda la responsabilidad del intento de fuga.

¡Un héroe en toda regla!

Dejemos por ahora aquí el relato. Ya tendremos ocasión de acercarnos a la respuesta de Hazán Bajá, que había visto peligrar buena parte del botín del rescate de ¡ni más ni menos que sesenta de los más principales cautivos que estaban en Argel! ¡Una fortuna que se le hubiera podido escapar al codicioso rey de Argel!

Ya tenemos montada la película.

¿La cara? El héroe Cervantes con todo su arsenal de ejemplaridad y de heroísmo.

¿La cruz? El villano Juan Blanco de Paz, que, además de traidor, se va a presentar como mal cristiano, soberbio, falsificador de documentos... e incluso converso, lo que le hace peligroso en tierras de renegados. En este contexto habría que entender el pago que le da Hazán Bajá por la traición a sus compañeros: un escudo de oro (¡y aquí todos estamos pensando en el traidor Judas y sus treinta monedas!) y una jarra de manteca, que es insulto habitual contra los conversos. La manteca nada tiene que ver con la sodomía, como algunos han querido deducir, como si la manteca ayudara en las relaciones anales. ¡Cuánta mente calenturienta que anda suelta por ahí!

Y si en las cinco preguntas de la *Información de Argel contra Blanco de Paz* Cervantes despliega todo un arsenal para mostrar la escasa autoridad y el perfil despreciable de quien era comisario titular del Santo Oficio de la Inquisición, en las respuestas se terminará de completar su perfil más negativo. Respuestas de quienes durante un tiempo fueron amigos suyos, por lo que le conocen —y lo han sufrido— en primera persona.

Alonso Aragonés dirá que le tiene «por hombre murmurador, maldiciente, soberbio y de malas inclinaciones». Mientras que el alférez Diego Castellano constata que Blanco de Paz no tiene ningún amigo cristiano en los baños, lo que no le extraña, pues es «revoltoso y malquisto con todos, andando a puñadas con otros».

Incluso las tres autoridades eclesiásticas que participan en la *Información de Argel*, los frailes Feliciano Enríquez y Juan Gil, y Antonio de Sosa, añaden detalles de las continuas infamias cometidas por Juan Blanco de Paz, del poco crédito que tenía en los baños y su soberbia, por lo que nunca aceptó los consejos que ellos le dieron para mejorar su conducta.

Un villano en toda regla, que odia a todos en los baños, y a Miguel de Cervantes en particular. Y que es odiado por todos, y por Miguel de Cervantes en primer lugar.

Así se construye el personaje Juan Blanco de Paz en la *Información de Argel*.

Pero ¿fue realmente así? ¿O debemos leer las acusaciones contra él que le retratan como un villano como leemos lo que el mismo Cervantes ha ideado para hablar de sí mismo como un héroe?

Nos toca, en este momento, hacer de fiscal e intentar contestar esta pregunta poniendo sobre la mesa nuevos datos.

Lo primero, los vamos a poner cara a cara: un careo en toda regla.

¿Qué datos concretos —y me cuesta escribir *objetivos*, dada la cantidad de mitos que vamos desmontando en estas páginas— conocemos de ellos?

Voy a hacerte un resumen para no perdernos entre tanta hipótesis y tantos relatos.

Juan Blanco de Paz es doctor en Teología por la Universidad de Salamanca, fraile dominico y en 1575 fue nombrado comisario titular del Santo Tribunal de la Inquisición en León, lo que le llevó a Roma.

Por su parte, Miguel de Cervantes no ha tenido estudios universitarios —solo clases particulares en el Estudio General de la Villa que dirigió López de Hoyos—, ha intentado ganarse la vida como escribano y ha terminado siendo soldado en los tercios italianos.

En 1577, Blanco de Paz, cuando volvía de Roma, es hecho cautivo. Por él se pedirá un rescate de 1.000 ducados, lo que le sitúa en la élite de los caballeros principales que se encuentran en Argel. Solo hay que pensar que Francisco de Meneses, noble que conoce muy bien Cervantes porque participará en su tercer intento de fuga, también tendrá que pagar un rescate de 1.000 ducados. Pero en este caso, el rey Hazán Bajá le permitirá volver a España con la promesa de enviarle el pago en el menor tiempo posible.

Miguel de Cervantes entra también en el grupo de los «hombres graves» en los baños de Argel, pero no tanto por las capacidades económicas reales de su familia, como del uso de todas las estrategias a su alcance para hacer pensar a sus amos que podían ganar un buen dinero por su rescate.

Juan Blanco de Paz tendrá que esperar casi catorce años para ser liberado por los frailes trinitarios, que lo rescatan el 19 de enero de 1592, a la edad de cincuenta y cuatro años. Gracias a las notas del registro de liberación sabemos que tenía los ojos azules y que le faltaban dos dientes de la parte superior. También conocemos que los frailes trinitarios le ayudaron en el pago de su altísimo rescate.

Miguel de Cervantes estará cinco años cautivo, siendo también ayudado por los frailes trinitarios para pagar su rescate. Acaba de cumplir treinta y tres años cuando sale de Argel.

Sabemos que el comportamiento heroico y ejemplar de Cervantes en los baños de Argel es un relato; pero, en el caso de Juan Blanco de Paz, ¿se comportó como un villano, tal y como lo retrata Cervantes, durante sus catorce años de cautiverio? ¿O existe un Blanco de Paz hombre bien diferente a este personaje ideado por Cervantes?

Detengámonos en tres datos.

Solo tres datos, pero que son grietas que hacen añicos los dos personajes creados por Cervantes en la *Información de Argel*: ni Cervantes va a ser tan héroe como él se pintó ni tampoco Blanco de Paz será el villano odiado y repudiado en los baños como le hubiera gustado al propio Cervantes.

Primer dato.

El 29 de junio de 1580 —justo en el momento en que se ha dibujado la caída de nuestro villano—, se firma en Argel una escritura por la que el rey Hazán Bajá declara haber recibido los 1.000 ducados del rescate del noble Francisco de Meneses, el noble que volvió a España con la promesa de enviar su rescate al rey de Argel. Mientras que Meneses estuvo en España, el rey de Argel había tomado como rehén —su garantía de cobro, diríamos hoy— a Domingo Becerra, doctor y presbítero sevillano, a quien Cervantes elogió en *La Galatea*, su primera novela publicada (1585).

Para certificar este documento se eligen tres personas en los baños de Argel, y uno de ellos será el clérigo presbítero Juan Blanco de Paz.

¿Realmente Juan Blanco de Paz, que es digno de firmar como testigo en este documento, es el mismo Blanco de Paz-personaje que se dibuja de la *Información* que hizo Miguel de Cervantes contra él? ¿Cómo es posible que alguien tan odiado por todos en el baño del rey fuera convocado para ser testigo de tan importante documento, donde están implicados algunos de sus más conocidos enemigos?

Segundo dato.

¿Te parecen cinco años mucho tiempo para estar cautivo en Argel?

A Miguel de Cervantes, sin duda. Pero a Blanco de Paz, que estuvo catorce años, le parecerían un abrir y cerrar de ojos.

Pues imagínate lo que pensaría el platero portugués Diego Rodríguez, que estuvo dieciocho años como cautivo de Hazán Bajá en Argel, Trípoli y Constantinopla. Toda una vida esclavo por su maestría en su oficio de platero, del que, seguramente, el rey de Argel se beneficiaba para timar a unos y a otros.

Pero no era el único que se aprovechaba de este contacto directo con el oro y la plata, como vamos a ver.

En octubre de 1597, el platero Diego Rodríguez, afincado en Toledo, solicita que se haga una información sobre el periodo que estuvo cautivo, para mostrar su conducta irreprochable en tierras de moros y todos los esfuerzos que hizo para ayudar a otros cautivos a fugarse.

¡Un nuevo currículum de un cautivo ejemplar y heroico!

¡En este caso, el currículum de un Robin Hood mediterráneo: robaba a Hazán Bajá para intentar ayudar a otros cristianos a liberarse!

En su información, ratificada por los tres testigos que convoca en Toledo, que estuvieron también cautivos por aquellos años en los baños argelinos, se ofrece un relato bien diferente del último intento de fuga de Cervantes, el que, según nuestro autor, no pudo llegar a buen puerto por la traición de Juan Blanco de Paz.

No fue Cervantes sino el platero Diego Rodríguez quien concertó este intento de fuga con seis caballeros de Malta (nada de los sesenta de los más principales de los que habla Cervantes), y fue él quien costeó la compra de una fragata por 1.500 doblas a un renegado que se quería ir con ellos (nada de ayudarse de mercaderes valencianos). Y también será él quien sufrió el castigo cuando fracasó y fue conocido el trato: recibió doscientos palos que le «dejaron casi muerto» (pero el que murió realmente, como ya te habrás imaginado, fue el renegado, y lo hizo ahorcado).

Seis caballeros de Malta… y a la altura de 1597 recordará sus nombres: Jerónimo de Palafox, António Borges, António González, Juan Sotelo… y Cervantes y Juan Blanco de Paz.

¿Qué está sucediendo?

¿Miguel de Cervantes y Blanco de Paz entre los caballeros de Malta?

¿Miguel de Cervantes y Blanco de Paz compañeros en el intento de fuga?

Y un tercer dato, hasta ahora inédito, que ha dado a conocer Aurelio Vargas Díaz-Toledo, siempre pronto para encontrar documentos en los archivos como para compartirlos entre los estudiosos.

El 14 de febrero de 1583, Blanco de Paz envía una carta a Felipe II informándole de las novedades en Argel: desde los destinos habituales de los distintos corsos (Formentera, Cadaqués o Levante), a los que se añade ahora las islas Canarias donde les han informado que «harán buena presa», hasta la queja de cómo los corsarios argelinos están envalentonados porque las naves cristianas no se defienden y de cómo los moriscos de Valencia se pasan a Berbería con demasiada facilidad. Pero, más que los detalles, ahora me importa el hecho de que Blanco de Paz aparece como un informante más de la Monarquía Hispánica en los baños de Argel.

Igual que Miguel de Cervantes, otro posible informante durante su cautiverio.

Algo no cuadra entre la imagen del personaje Blanco de Paz a partir de la pluma cervantina, y la actuación del Blanco de Paz hombre en el baño del rey, según aparecen en estos tres documentos.

Y esto nos lleva a la pregunta del millón:

¿Por qué Miguel de Cervantes —ayudado por sus testigos, incluido el fraile trinitario Juan Gil o Antonio de Sosa— escribe una información contra Juan Blanco de Paz, presentándolo como villano?

¿Por qué no cita en ningún momento Miguel de Cervantes a Diego Rodríguez, a quien en los baños argelinos llamaban «padre», por su continua preocupación en liberar a los cristianos cautivos? ¿Por qué tampoco lo hace Antonio de Sosa?

¿Qué relación unía realmente a Miguel de Cervantes y Blanco de Paz?

Difícil será que podamos contestar a estas preguntas.

Pero algo ha de quedarnos claro: el dominico Blanco de Paz nada tiene que ver con el personaje Blanco de Paz que crea Cervantes —y lo apoyan sus testigos— en la *Información de Argel*.

¿Qué misterio, qué «algo más» se nos escapa de aquellas relaciones para que Antonio de Sosa, Juan Gil y el fraile Enríquez, entre otros, formen parte de un complot contra el dominico Blanco de Paz? ¿Qué podía saber Blanco de Paz de Cervantes en particular para que fuera tan peligroso ahora que había sido liberado y él permanecía cautivo en Argel?

¿No te parece muy sospechoso que en esta construcción del personaje villano de Blanco de Paz estén participando Juan Gil, Antonio de Sosa o fray Feliciano Enríquez? ¿Qué tienen ellos también que esconder en este Argel complejo y de mil caras que se nos va dibujando delante de los ojos cuando abandonamos la literatura de cautivos y conocemos detalles de la vida cotidiana de aquel momento?

La *Información contra Cervantes*: a la búsqueda del documento perdido

Algo más…

Siempre hay algo más cuando bajamos a la arena de la vida, cuando recuperamos el tiempo en nuestros análisis y comprensión del pasado.

El tiempo, ese gran constructor.

1580 va a ser un año de intenso movimiento en Argel. La situación parece haberse complicado mucho en los baños del rey después del fracaso del intento de fuga promovido por Cervantes (o por Diego Rodríguez) y que, según la *Información de Argel*, había sido abortado por Juan Blanco de Paz, en venganza por no haber sido convocado.

Es el año de la llegada de un nuevo rey en Argel, que se instala en la ciudad en junio, y que velará por llevar a cabo una buena transición hasta la partida definitiva de Hazán Bajá en septiembre de este año.

Es también el año en que comienzan a verse las consecuencias de la firma de la tregua en el Mediterráneo entre la Monarquía Hispánica de Felipe II y la Sublime Puerta turca, a la que volveremos en otra de las paradas de nuestro viaje.

1580 es el año del rescate de Miguel de Cervantes.

Pero es mucho más.

Durante este año llega a su cénit la enemistad entre Cervantes y Juan Blanco de Paz. ¡Y es tanta la inquina y el odio que el fraile dominico siente por nuestro autor, ejemplar y heroico, que le amenaza con hacer una información contra él para así quitarle toda honra y crédito e impedir que consiga la merced que tanto ansía a la vuelta a la corte, y en la que había trabajado tan duramente en sus años de cautiverio!

Esto es lo que nos dice Miguel en su particular currículum.

¡Una *Información contra Cervantes*!

¡Una información más allá del Cervantes-personaje creado por Cervantes!

¡Una información más acá del Cervantes-personaje que quiere difundir su enemigo Blanco de Paz!

¿Qué sabía Blanco de Paz sobre Cervantes? ¿De qué le podía acusar para que se pusiera tan nervioso?

Porque algo queda claro entre tantas dudas y preguntas: Cervantes se puso nervioso ante esta amenaza que, durante los siguientes meses, se convirtió en una realidad. Y la prueba es la propia *Información de Argel contra Blanco de Paz* que Cervantes va a escribir contra su enemigo. Una información con una única finalidad: quitarle toda la credibilidad a la *Información contra Cervantes* mandada realizar por el dominico en el caso de llegar a la corte.

¡No olvidemos que se trataría de una *Información* realizada por un comisario titular de la Inquisición, doctor en Teología y fraile dominico! ¡Ahí es nada!

Y así, Cervantes desplegará todo su arsenal dialéctico.

¿Primero? Presentar a Juan Blanco de Paz como un ser despreciable, que no merece ningún crédito, un traidor que tiene una justificación para vengarse de él esparciendo mentiras: el odio que siente por no haber sido convocado en su intento de fuga en 1579. Al ser declarado enemigo suyo, según las leyes del momento, su testimonio y acusaciones no tendrían validez legal.

¿Segundo? Quitar autoridad a los testigos que vendrían a certificar las mentiras escritas por Juan Blanco de Paz en su información:

todos serían testigos sobornados, porque, como le confiesa el dominico al capitán Lupino, uno de los testigos de la *Información de Argel*: «Aquí en Argel, a trueque de poco, hallaré testigos por cada paso». Incluso el soborno no le va a costar mucho.

Y para dar la puntilla a la autoridad de la información que quiere promover Blanco de Paz contra Cervantes, en la *Información de Argel* se deja constancia de otra de las mañas del fraile dominico: hacer informaciones contra varios de los cautivos que iban a ser liberados en este año para que, al llegar a la corte, nadie les creyera al hablar de su traición. ¿Cómo no van a hablar mal de Blanco de Paz si este ha sido tan honesto que ha hecho informaciones contra ellos para mostrar su verdadera conducta durante el cautiverio?

¡No hay mejor defensa que un buen ataque! Y no le vamos a llevar la contraria al filósofo chino Sun Tzu y su *Arte de la guerra*.

Ni tampoco se la va a llevar Cervantes.

¿No es la *Información de Argel contra Blanco de Paz* el mejor medio para neutralizar una posible *Información contra Cervantes* que pudiera conocerse en la corte, donde se hablaría de su «verdadera» conducta en Argel?

Y llegados a este punto, se me vienen a la cabeza los famosos versos de Calderón de la Barca y de su *La vida es sueño*:

> *¿Qué es la vida? Un frenesí.*
> *¿Qué es la vida? Una ilusión,*
> *una sombra, una ficción,*
> *y el mayor bien es pequeño;*
> *que toda la vida es sueño,*
> *y los sueños, sueños son.*

Reconozco que me he venido arriba. Pero ¿qué es la vida de Cervantes en Argel? Pues eso, un frenesí, una ilusión, una sombra, una ficción. Todo depende de quién nos lo cuente y con qué finalidad.

La *Información de Argel* la hemos conservado por la casualidad de haber sido incluida por Cervantes en una de sus peticiones de merced al Consejo de Indias. Pero nada sabemos de la *Información contra Cervantes* promovida por su enemigo Blanco de Paz. ¿O sí?

Sabemos de su existencia por lo que se dice en las últimas preguntas de la *Información de Argel* (de haberse quedado Cervantes en silencio, nada sabríamos de este particular como de tantos otros detalles de su vida en cautiverio que calla), y también podemos intuir algo de su contenido. Pero solo intuir.

La pregunta veinte, justo la que hace de puente entre *la Información de Argel* y la *Información de Argel contra Blanco de Paz*, comienza de esta manera: «Si saben o han oído decir que, estando el tiempo que el dicho Miguel de Cervantes ha estado aquí cautivo, no se ha visto en él algún vicio notable o escándalo de su persona»...

¿Algún vicio notable o escándalo de su persona?

¿Qué pregunta es esta para un currículum?

Y tirando del hilo, ¿qué rumores —o cotilleos— correrían por Argel sobre la conducta de Cervantes, que también podría utilizar Blanco de Paz en su particular información?

Todos los testigos niegan este particular hasta llegar al último de los testimonios, el del carmelita fray Feliciano Enríquez. Comienza su declaración confesando que durante un tiempo fue enemigo de Cervantes, y que «en esta sazón, oyó este testigo a una persona decir algunas cosas viciosas y feas contra el susodicho Miguel de Cervantes».

¡«Cosas viciosas y feas» es la manera más habitual para hablar o del reniego o de la sodomía! ¿Le vendría esa «persona anónima» con chismes sobre estas conductas de Cervantes en Argel, o sobre otras que desconocemos?

Y aunque el carmelita confiesa que intentó, en aquel tiempo de enemistad, confirmar si había en él alguna «cosa fea y deshonesta que a su persona viniese mácula», no encontró ningún indicio que lo pudiera ratificar.

¡Cosas viciosas y feas… y deshonestas!

Y hasta que no encontremos la *Información contra Cervantes* —pues tengo la intuición de que Blanco de Paz pasó de las amenazas a la realidad documental—, no podremos concretar más sobre el origen de estas habladurías o de estos hechos contrastados por los cautivos de Argel.

¿Cosas viciosas, feas y deshonestas que tienen que ver con el trato continuo con renegados, de ahí la necesidad de mostrar una vida ejemplar en defensa de la religión?

¿Cosas viciosas, feas y deshonestas que tienen que ver con relaciones sodomitas de Cervantes con varias personas en los baños de Argel, incluyendo al propio rey Hazán Bajá, de ahí la necesidad de mostrar una vida ejemplar donde se repiten los adjetivos «honesto» y «casto»?

Sea como fuere, lo único que queda claro a la altura de nuestra travesía es que todas ellas, la *Información de Argel* (con su *Información de Argel contra Blanco de Paz*) conservada y la perdida *Información contra Cervantes*, son un relato, una ficción.

Con la *Información de Argel contra Blanco de Paz*, Cervantes ha construido un personaje antihéroe, que contrasta con el Cervantes-personaje heroico que él mismo ha construido de sí mismo. Y lo contrario leeríamos, sin duda, de tener entre nuestras manos la *Información contra Cervantes*: un Blanco de Paz-personaje héroe frente a un villano Miguel de Cervantes.

¡Algún vicio notable o escándalo!

¡Cosas viciosas y feas… y deshonestas!

Sobre esta ficción, sobre estas ficciones, que se atribuyen a Blanco de Paz como si estuvieran leyendo un documento existente, se ha defendido que Cervantes fuera homosexual y mantuviera relaciones con el rey de Argel.

Ni más ni menos.

Estos son los cimientos de barro de algunas nuevas interpretaciones míticas que se han construido alrededor de Cervantes en los últimos años.

¿Qué es la vida? Una ilusión,
una sombra, una ficción.

¿Qué es la vida de Cervantes en sus años de cautiverio en Argel?

¿Una ilusión heroica y ejemplar?

¿Una sombra de prácticas sexuales sodomitas?

¿Una ficción sobre el reniego al tener contacto continuo con renegados?

¿O ninguna de ellas? ¿O una mezcla de todas?

El Cervantes-hombre se nos escapa de las manos. Esta es su naturaleza y este es nuestro desafío, nuestra meta: intentar comprenderlo en su tiempo y en sus costumbres, y no a través de las lentes desenfocadas del Cervantes-personaje o del Cervantes-mito.

VI. ¿CÓMO ORGANIZAR CUATRO FUGAS Y NO MORIR EN EL INTENTO?

La visión de Argel como tierra de oportunidades

Releo, amantísimo lector, las páginas que llevo escritas y me doy cuenta de uno de los grandes peligros que acechan nuestro viaje: ¿cómo acercarnos al Cervantes-hombre dejando a un lado los sentimientos? ¿Cómo comprender su sexualidad sin llegar a tocar, aunque sea de manera superficial, sus emociones?

Releo las páginas que he escrito hasta ahora (que son las que tú has leído hasta este momento), en las que he ido identificando las capas que han modelado al Cervantes-personaje y al Cervantes-mito, para así poder acercarnos al Cervantes-hombre, y me doy cuenta de que solo aparece en ellas el Cervantes-hombre más racional, el más práctico, el más social.

¿Dónde ha quedado el poeta, dónde el hombre que no puede (ni debe) quedarse indiferente ante las injusticias que le rodean, de las que es testigo a cada momento y las que sufre en sus propias carnes?

¿Dónde el hombre que duda, que se equivoca, que tiene miedo, que es engañado, el que comparte confidencias con los amigos y el que disfruta encontrando el adjetivo que ilumina una metáfora?

Comparto estas preguntas contigo porque, solo comprendiendo mejor el funcionamiento del corso argelino en el siglo XVI, podremos entender al hombre Cervantes que estuvo allí cautivo y sus cuatro intentos de fuga; cuatro intentos de fuga entre los cientos que se proyectaron en este tiempo en los baños de Argel.

¿Cómo vamos a rescatar al Cervantes-hombre si le seguimos viendo en Argel a partir de la mirada interesada y partidista de la literatura de cautivos, que es la que se impuso en las biografías cervantinas en el siglo XVIII y es la que siguen compartiendo los que hablan de la homosexualidad en Cervantes?

De esta literatura, ya sea la dogmática escrita por religiosos como Antonio de Sosa y su *Topografía e Historia general de Argel*, o la literaria, escrita por Cervantes o por Lope de Vega, entre otros tantos, nos interesan sus detalles concretos, los datos de costumbres y usos cotidianos que necesitan mostrar tal y como ellos lo vivieron o conocieron para dar credibilidad a su relato.

Pero nada más.

El resto es una ficción, en que se identifica a Argel con una cárcel, con una de los miles de cárceles que existieron entonces y existen en nuestros días, donde la falta de libertad se convierte en eje central de sus padecimientos; una falta de libertad que todos sufren y por la que se exponen a diferentes peligros: el reniego, la sodomización, la traición, la tortura y la muerte.

El corso es otra cosa.

El corso tiene una naturaleza y una justificación económica, como ya hemos visto. Es un particular sistema de producción, que se basa en el secuestro y en la extorsión. En otras palabras, y utilizo las de la misma época: si los agricultores utilizan el azadón y el arado para sacarle provecho a sus tierras, el corsario entiende que los mares son sus heredades y cortijos, donde consiguen su inagotable fruto: «El comercio de los cautivos que vendemos».

El oro, el dinero como medida de todas las cosas.

Y de la mano de este punto de vista, de que cada cautivo es un producto que tiene unas perspectivas de vida según la cuantía de su rescate y las personas con las que puede relacionarse en los baños, me gustaría que ahora volviéramos la mirada a Argel, más acá de la imagen de una cárcel.

Argel es peligrosa, sin duda, pero lo es por ser tierra de oportunidades.

Argel es una oportunidad para personas inquietas e ingeniosas como el propio Cervantes, donde se trastocan —o amplían— los espacios de comunicación social, más allá de los espacios herméticos de la sociedad cristiana. Los baños argelinos se presentan como un espacio intermedio entre la sociedad cristiana inmovilista y la sociedad argelina renegada y abierta, donde todo puede volver a escribirse, a vivirse.

Argel es, por otro lado, un canto a la libertad sexual, donde el sexo es algo cotidiano y público, un sexo más allá de los confesionarios y del estigma del pecado. Un sexo —igual que el amor— para ser disfrutado y ser compartido, para devolverle su espacio humano más allá de una finalidad procreadora, al que le ha condenado una religión cristiana que intenta ser católica, es decir, proselitista, universal.

Argel, por último, puede convertirse en un libro en blanco para el renegado, donde es posible comenzar a escribir una nueva vida, sabiendo que esta oportunidad es también su condena de desarraigo, de la dificultad —casi imposibilidad— de recuperar su identidad cristiana y de recuperar sus orígenes.

De esta manera, el ascenso social o la libertad sexual no han de ser entendidos como estigmas ni pecados, sino todo lo contrario: oportunidades.

En la literatura de cautivos se organiza el mundo argelino como en una mala película de serie B: los buenos contra los malos. Entre los primeros —¡claro está!—, los cautivos, sin hacer distinción entre ellos, pues todos carecen de libertad y pueden, de manera hipotética, sufrir los mismos castigos físicos y los mismos ataques sexuales. Entre los segundos: los moros y turcos, que dominan Argel, pero también los judíos y, sobre todo, los renegados, que se presentan como lo más bajo y rastrero de la sociedad, pues han cometido el mayor de los pecados posibles: renegar de la verdadera fe, la cristiana.

Pero la realidad de Argel es mucho más compleja, pues ni los moros ni turcos son todos iguales —dependerá de su posición, trabajo y riqueza el que se beneficien de mayor o menor medida de la riqueza de la extorsión y del secuestro—, ni tampoco los cautivos.

Y no hablo solo de dinero.

Pienso, más bien, en el diferente proyecto vital que cada tipo de cautivos podía aspirar en los baños de Argel. Como nos enseñó Ortega y Gasset, el proyecto vital es el factor más importante de la condición humana,

Un proyecto vital que tiene mucho que ver con el tiempo, con ese «tiempo es oro» que se ha convertido en una máxima del capitalismo desde su formulación en el siglo XVIII, años después de la primera de las biografías cervantinas.

En los extremos tendríamos a los cautivos de almacén, cuyas posibilidades de ser rescatados es casi nula; y, en el otro extremo, los «hombres graves» o los cautivos de rescate de mayor cuantía.

Los primeros, por su pobreza, carecerían de proyecto vital propio, siempre sometidos a la voluntad de sus amos. Su única posibilidad de imaginar un proyecto vital personal es el reniego. De ahí que sean carne de cañón, y una de las categorías a las que preste mayor atención y espacio la literatura de cautivos.

Por su parte, los segundos no necesitan desarrollar un nuevo proyecto vital, pues su paso por Argel es solo un paréntesis: a su vuelta recuperarán el proyecto vital que han diseñado su apellido o el poder de su familia.

Y en medio, quedan los cautivos de rescate de menor cuantía o cuyas familias no tendrían fácil reunir el dinero que les piden por ellos. Comparten espacio y tiempo con los mejores cautivos de Argel

—la flor y nata de la sociedad del momento—, pero necesitan poner en marcha un nuevo proyecto vital en Argel que les permita volver a España lo antes posible.

Miguel de Cervantes vale 500 escudos de oro y su hermano Rodrigo, 300. Son cautivos de rescate. Se codean con otros cautivos de rescate, caballeros y gente principal que, de no estar en Argel, difícilmente conocerían y tendrían oportunidad de conversar con ellos.

Los baños de Argel, sobre todo el baño del rey, el más prestigioso de todos ellos, se convierte en su particular tierra de oportunidades. La cuantía de su rescate les permite saber que tienen su supervivencia asegurada: ninguno de sus amos será tan necio de matarlos y dejar, de este modo, de cobrar su rescate.

Desde esta perspectiva de proyecto vital —con el que puede conseguir dinero para el pago de su rescate, además de apoyos a sus demandas de merced al ser liberado— hemos de entender los cuatro intentos de fuga que va a liderar Cervantes, según la *Información de Argel.* Cuatro intentos de fuga que son solo la punta del iceberg de todos los que se intentaron —y consiguieron— en Argel durante estos años.

Miguel Cervantes, en este caso, no va a ser muy original.

¿Acaso podemos olvidarnos de esta perspectiva económica cuando hablemos de cómo Hazán Bajá se comportó con Miguel de Cervantes?

¿Acaso esta perspectiva económica anula otras perspectivas, como la amorosa, la sodomita, la del respeto e incluso la del miedo?

El Cervantes-personaje y el Cervantes-mito necesitan de una sola explicación, de un solo gesto que ha de convertirse en bronce y mármol con el paso del tiempo.

Pero ¿sucede así también con el Cervantes-hombre, donde diversas razones pueden ayudarnos en su conjunto a intentar comprender una particular conducta?

Hoy rodamos una escena cinematográfica: Cervantes se hace esclavo de Hazán Bajá

La escena merece una superproducción cinematográfica: el primer encuentro entre el cautivo Miguel de Cervantes y el rey de Argel, Hazán Bajá.

Te pongo en antecedentes. Nos encontramos a finales de 1577. Después de varios meses esperando en una cueva para fugarse, diversos caballeros cristianos son traicionados por el renegado Dorador y desvelados sus planes al nuevo rey de Argel, que acaba de llegar para ocupar su cargo. Justo los meses de traspaso de poderes entre un rey que viene y otro que se va, habían sido elegidos el tiempo propicio para ejecutar su intento de fuga y no ser descubiertos.

Al entrar los moros y turcos en la cueva, cunde el pánico. Pero entonces Miguel de Cervantes les dice a todos que confíen en él, y dando un paso adelante, grita estas palabras para que todo el mundo las oiga bien:

> —Ninguno de estos cristianos que aquí están tienen culpa en este negocio, porque yo solo he sido el autor de él y el que los ha inducido a que se huyesen.

Silencio.

Estas palabras, escritas por el propio Cervantes en la *Información de Argel*, tuvieron el efecto buscado: la sorpresa. Lo habitual es que todos intentaran huir y que después alguno, tras largas y dolorosas torturas, confesara un nombre. Es siempre un espectáculo ver cómo un cristiano muere en el puerto de Argel. Pero, ante tal confesión, que colocaba a Cervantes a las puertas de la muerte, ¿qué hacer? Hazán Bajá, enterado de lo sucedido, ordena que le traigan a este Cervantes a su palacio y que lleven a su baño al resto de los cristianos que intentaron fugarse.

Hay ritmo en la narración. Todo lo ha preparado Cervantes con la maestría del dramaturgo. Este primer encuentro no es el de cualquier cautivo y el rey de Argel: estamos ante el primer encuentro entre Hazán Bajá y Miguel de Cervantes.

Y tiene que ser único.

Cara a cara por primera vez.

Hazán Bajá lleva solo unos meses en Argel, pero es una ciudad que conoce muy bien, pues estuvo allí hace unos años como tesorero de su benefactor y amante: el rey Euch Alí.

Miguel de Cervantes lleva más de dos años cautivo, en el baño de Dali Mami, el capitán de la nave que lo capturó ante las costas catalanas en 1575. Su proyecto vital pasa por llegar a ser cautivo del rey de Argel y está a punto de conseguirlo... a no ser que muera en el intento.

Hazán Bajá y Cervantes tienen casi la misma edad.

Miguel observa, por primera vez, al rey de Argel ante él, y no puede dejar de describirle como si fuera un personaje de sus ficciones; y podemos imaginar que lo hace con palabras similares a las que Antonio de Sosa utiliza en su *Topografía e Historia general de Argel*: «Alto de cuerpo, flaco de carnes, los ojos grandes, encendidos y encarnizados, la nariz larga y afilada, la boca delgada, no demasiado barbado, de pelo como castaño y de color cetrino».

Y unas manos grandes. Como las suyas.

Y esas manos grandes y la edad son lo único que comparten. Al menos una de sus manos grandes y fuertes.

Los ricos ropajes del rey contrastan con las pobres vestimentas del cautivo, que lleva días escondido en la cueva.

Los sabrosos manjares que sobresalen en la mesa, los olores a especias le recuerdan al cautivo sensaciones que creía perdidas. Algunas de ellas solo las conocía hasta ese momento a través de las descripciones de la literatura.

Hay pocas palabras entre ellos.

Las palabras sobran cuando se multiplican las miradas.

Ante las amenazas de muerte y tormentos con las que espera Hazán Bajá que Cervantes confiese el nombre de sus cómplices (en especial, desea que diga el de Jorge del Olivar, fraile mercedario que se encuentra en Argel para redimir cautivos, por el que podría pedir una buena suma de dinero), Miguel de Cervantes, en una actitud serena que raya en la arrogancia, contesta las mismas palabras que los moros y turcos escucharon en la cueva: «Yo soy el único responsable de este negocio. Yo soy el único que merece ser castigado. Nadie me ha ayudado en este intento de fuga».

Y ante nuevas amenazas del rey, la misma respuesta del cautivo.

Y nada más.

¿Nada más entre ellos?

A partir de este momento, Miguel de Cervantes pasa a ser esclavo de Hazán Bajá y a vivir en su baño, junto a la flor y nata de los cautivos de Argel, como llevaba tiempo intentando conseguir, pues en el baño del rey de Argel se fraguan los mejores acuerdos para volver a la corte.

A partir de este momento, la vida del cautivo Cervantes depende de la voluntad del rey de Argel y de los 500 escudos de oro que cuesta su rescate.

Este es el primer encuentro entre Hazán Bajá y Miguel de Cervantes.

El primero de muchos.

Algunos los conocemos por la *Información de Argel* y los otros dos intentos de fuga que lidera Cervantes en los años siguientes. No tan solemnes ni tan teatrales, pero en donde aumentan los castigos por su traición, llegando a ser condenado a una muerte segura con la sentencia de dos mil palos, que nunca se llevó a efecto gracias a «terceros» que intercedieron por él.

Otros quedan en el silencio y en la cotidianidad de su intimidad.

Y desde este momento hasta instantes antes de que Hazán Bajá abandone Argel en septiembre de 1580 rumbo a Constantinopla, el esclavo Miguel de Cervantes será uno de los cautivos más solicitados, más queridos y admirados en el espacio más privilegiado e importante entre los cautivos argelinos: el baño de Hazán Bajá (siempre según la *Información de Argel*, claro está; siempre desde la perspectiva del Cervantes escritor).

Y desde que este texto fuera editado en el siglo XIX, hasta nuestros días, se han ido sucediendo las teorías de la posible relación entre Hazán Bajá y Cervantes, de las razones que llevaron al rey de Argel a no ser más severo con su esclavo después de organizar varios intentos de fuga, todos ellos fracasados.

Martín Fernández de Navarrete en 1819 justificará la conducta del rey de Argel por su codicia (como había hecho previamente Antonio de Sosa): ¿cómo iba a ajusticiar a Cervantes y a sus compañeros cuando los podía tomar como esclavos suyos? Ni pensar en hacer justicia y matar a un cautivo de rescate que vale ¡500 escudos en oro! Bien le hubiera gustado aumentar la saca con el rescate de Jorge del Olivar, pero tampoco le ha ido mal: se ha hecho con la mayoría de los caballeros cristianos que querían huir y ahora él cobrará sus cuantiosos rescates. Nada mal.

Heinrich Heine, en el prefacio a la edición alemana del *Quijote* en 1837, hablará de Cervantes como de un talismán, siguiendo también a Antonio de Sosa: si Cervantes, el de la mano estropeada, estaba a buen recaudo, Argel se encontraba fuera de peligro. Un valioso talismán al que denomina «el león encadenado».

Por último, Ramón León Maínez, en su biografía cervantina de 1876, dará voz a la interpretación más heroica, la del triunfo del Cervantes-mito. Vale la pena recordar sus palabras, ya que el esclavo Cervantes termina por triunfar por encima de su amo gracias a su fortaleza y a su valentía:

> El rey de Argel se encontró frente a frente con un carácter excepcional de voluntad de hierro, con un hombre extraordinario, y tuvo que respetarle, a pesar de las prevenciones de su odio y tiranía, como a un ser que excedía los límites de lo humano. El arrebato de los instintos vengativos quedó modificado por la admiración que le debió causar la presencia de tal héroe. [...] No cedió el cautivo, cedió el tirano. El déspota fue vencido del esclavo. El humilde quedó coronado de honor; el soberbio burlado y cubierto de vilipendio. Triunfó la virtud y fue la maldad humillada.

¿Qué te parece, asombrado lector?

Así se ha escrito la historia. Una historia mítica. Una historia particular, de carácter nacional, que encontrará en la dictadura franquista el lugar propicio para llenarla de adjetivos heroicos.

Y en esta escena, en el intento de explicar por qué Hazán Bajá, en contra de sus costumbres sádicas, no las pone en práctica con Cervantes al pasar a ser de su propiedad, se encuentra uno de los argumentos principales de la teoría de una relación homoerótica entre ambos. En la *Historia del cautivo* del *Quijote*, el propio Cervantes, en boca del capitán, dice que el rey Hazán, al tal de Saavedra «nunca le dio palo, ni se lo mandó dar ni le dijo mala palabra». Para Rosa Rossi y otros investigadores modernos, estas palabras son una confesión por parte del propio Cervantes de la intimidad sexual entre él y el rey de Argel.

¿Intimidad entre dos hombres de la misma edad? ¿Acaso no iría eso en contra de las costumbres sodomitas de Argel, donde lo habitual era —como en Grecia y en Roma— la relación entre un hombre mayor (activo) y un amante joven (pasivo)?

¿Codicia, miedo y respeto, admiración o atracción sexual?

¿No son todos una cara diferente del Cervantes-mito que se quiere construir en cada época?

El Cervantes-hombre, ese Cervantes complejo de sentimientos y pasiones, de relaciones y de sueños, se nos escapa una y otra vez de las manos.

¿O acaso es que el cautivo Cervantes esconde más de un misterio, que explica, mucho mejor que una atracción sexual, la actitud del bajá con él?

¿O acaso hemos de pensar en que todas estas teorías tienen algo de verdad y mucho de ficción, y que la verdad (si realmente pensamos que tiene que existir una verdad) se construye con la suma y no con la oposición entre ellas?

Agi Morato y los espías que recorren el Mediterráneo

Si la escena del primer encuentro entre Hazán Bajá y Miguel de Cervantes tenía un aire teatral, que la hacía proclive a aparecer en una gran producción cinematográfica, el relato del tercer intento de fuga de Cervantes, a tan solo cinco meses de llegar al baño del rey, contiene un misterio que lo vuelve una buena trama novelesca. Eso sí, una trama siguiendo el guion de la *Información de Argel*, una vez más.

Volvamos a 1578.

En esta ocasión, Miguel, con el mismo celo del servicio a Dios y a Su Majestad, y de hacer bien a cristianos (por si acaso tenías alguna duda), decide mandar una carta a Martín de Córdoba, general de Orán, y a otras personas principales, que eran sus amigos y conocidos en esta ciudad, para que le envíen uno o varios espías que le ayuden a salir de Argel; en esta ocasión iría acompañado de otros tres caballeros principales cristianos. Pero el correo es interceptado antes de llegar a Orán y devuelto a Argel con sus cartas.

Te puedes imaginar el enfado del rey de Argel al leer las cartas y ver en ellas la firma de Miguel de Cervantes. ¡Tan solo cinco meses después de aquel primer encuentro!

Y su cólera se revela en sus castigos: el correo es condenado a morir empalado y ordena que a Cervantes le den dos mil palos.

«¡Dos mil palos!» es una sentencia de muerte.

Pero Cervantes seguirá con vida, como bien sabes.

Nos encontramos ante un misterio, el inicio de una nueva trama novelesca: ¿por qué razón Hazán Bajá no ejecuta su sentencia?

Para los nuevos buscadores de mitos cervantinos, que no tienen otros datos que las hipótesis, la explicación está clara: la pasión amorosa o sexual que sentía Hazán Bajá por Cervantes. ¿Cómo hacerle daño a quien le daba tanto placer?

Pero la realidad del Argel del momento es mucho más compleja que un intercambio de fluidos, como la vida misma, como la vida misma del Cervantes-hombre.

Alonso Aragonés, uno de los testigos de la *Información de Argel*, lo tiene también claro: no se llegó a ejecutar el castigo —no te olvides, una verdadera sentencia de muerte— no porque Hazán Bajá se arrepintiera, sino porque hubo «buenos terceros» que intercedieron por él (como hay buenos terceros que interceden en otros casos similares, según nos lo ha recordado Antonio de Sosa en su *Topografía e Historia general de Argel*).

¿Quiénes podrían ser esos «buenos terceros» o los «muchos que rogaron por él», como responderá otro testigo? ¿Quién o quiénes osarían a ponerse delante de un Hazán Bajá indignado, colérico, famoso y reconocido como sádico —según la versión que emana de la literatura de cautivos— para solicitar clemencia para un soldado español que, ¡por tercera vez!, había intentado un plan de fuga donde estaban involucrados caballeros cristianos principales, es decir, algunos de los rescates más suculentos de su baño?

Acuérdate de que somos lo que valemos.

De todas las hipótesis que se han planteado en estos más de trescientos años de indagaciones biográficas cervantinas, la que más me convence es la que ve detrás de estos «terceros» a uno de los hombres más influyentes, ricos y necesarios del Mediterráneo berberisco: Agi Morato, que espero que a algunos de los lectores de estas páginas les suene de algo, pues aparece como personaje en la *Historia del cautivo* quijotesco: el padre rico de Zoraida.

¿Quién es Agi Morato?

De orígenes humildes (renegado eslavo nacido en Ragusa), había llegado a ser uno de los hombres más ricos del norte de África. A su prestigio por ser un *hadji* (es decir, el que ha completado la peregrinación a La Meca), se sumaba una estrecha relación con el Gran Turco, que lo utilizaba como *chaouch* (enviado diplomático). Y no hemos de olvidar que su hija se casó con 'Abd al-Malik, aspirante al trono de Marruecos después de que su hermano se lo arrebatara en 1576... y, al quedarse viuda en 1578, contrajo matrimonio con el propio Hazán Bajá. La Zoraida cervantina no era cualquier mujer en el Argel de aquel entonces.

Agi Morato, como «buen tercero», estaba muy cercano a Hazán Bajá, con quien compartía negocios, codicia... y algo más.

Por encima de todos estos títulos —y lo que nos interesa para nuestro relato novelesco—, Agi Morato se presenta como uno de los personajes fundamentales en las redes de espionaje y de negociaciones que se multiplican en estos años en el Mediterráneo. Años tan movidos como las aguas mediterráneas en una tormenta, pues, mientras Cervantes permanece cautivo, se están concretando las negociaciones finales de la que será la paz hispano-turca, que se firmará entre 1579-1580.

¿Cómo te quedas si te digo, curioso lector, que Hazán Bajá pudo haber sido, como su futuro suegro Agi Morato, un aliado de Felipe II en estos años cruciales de la política mediterránea?

Así se lo propone Francisco Gasparo, agente secreto corso al servicio de la Monarquía Hispánica, en una carta que le envía al rey en 1577, a los pocos meses de haber tomado posesión. Francisco y su hermano Andrea conocen bien al nuevo rey de Argel, pues lo trataron mucho cuando fue tesorero durante el reinado de Euch Alí, su amante y protector. Y no pueden tener mejor opinión de él: hombre muy leído, no creyente «en la secta de Mahoma» y, además, buen conocedor del toscano (italiano), con lo que podrían comunicarse con él en esta lengua en las «cartas y avisos secretos» que fuera necesario enviarle.

Argel y el norte de África se presentan como un espacio propicio para el espionaje. Donde hay contactos, hay información; y la información, en todas las épocas, termina siendo poder.

Y en estas negociaciones secretas entre la Monarquía Hispánica de Felipe II y el Gran Turco, en las que Agi Morato será esencial, así como, seguramente, Hazán Bajá, aparecen algunos intermediarios cristianos: los citados hermanos Gasparo Corso, mercaderes y agentes italianos; fray Rodrigo de Arce, redentor de cautivos; el virrey de Valencia, o el general de Orán Martín de Córdoba.

¿Es una casualidad que algunos de ellos aparezcan involucrados en los intentos de fuga de Miguel de Cervantes? ¿O más bien todos forman parte de un plan, de una estrategia, en que cada uno tiene su razón y su función, como muy bien han estudiado Emilio Sola, Francisco de la Peña o María Antonia Garcés, pilares esenciales para profundizar en estos temas?

Aquí hay un misterio novelesco, sin duda.

Aquí, un nuevo hilo del que tirar y que permite comprender la libertad de movimientos de Miguel de Cervantes entre los caballeros cristianos cautivos, la consideración y buena fama que tiene entre ellos (*Información de Argel dixit*), su inmunidad ante el rey de Argel y la relación entre ambos y, quizá, también su enemistad con Blanco de Paz, que sería otro informante como él, como ya hemos tenido ocasión de comentar.

¿Y si abrimos el melón de un posible oficio —servicio a la Corona— de Miguel de Cervantes durante sus años en Argel?

El siempre llorado y admirado Jean Canavaggio ya lo defendió en su biografía cervantina: Miguel de Cervantes habría llegado a ser en Argel un agente secreto de la Monarquía Hispánica, y agente secreto lo siguió siendo al ser rescatado.

Interesante este «mensajero real» por el que llegará a cobrar sus buenos escudos de oro en 1581.

Desde esta atalaya, que tiene más que ver con las costumbres de la época que con la imagen mítica de ese «cautivo solitario» ejemplar y heroico que el mismo Cervantes escribiera sobre sí mismo, puede entenderse buena parte del paso de Miguel por Argel: su relación estrecha con los comerciantes valencianos, sus intentos de fuga apoyando a otros caballeros, sus confidencias con renegados y con autoridades argelinas, como el mismo Hazán Bajá, sin olvidar a los «buenos terceros», con los que tendría tratos, como Agi Morato.

Ni más ni menos.

¡Qué diferente se entiende todo si recuperamos el tiempo de la política en aquel Mediterráneo de los años setenta del siglo XVI!

Un Mediterráneo que va viendo cómo el eje de influencia geopolítica está girando al Atlántico, con el triunfo del partido castellanista en Madrid y la toma de posesión de Felipe II como rey de Portugal... ¡y de sus territorios en América! ¡Qué pequeñita que queda Argel, la amenaza del corso en el Mediterráneo ante la inmensidad del océano Atlántico y de las riquezas del territorio americano!

¡Y qué diferente se ve a Cervantes si le quitamos el disfraz del héroe solitario (en busca de la libertad), el del pícaro (en busca de contactos personales para medrar en la corte) o el del sodomita (que permite salvar la vida), y entendemos su estancia en Argel en contacto directo con los movimientos de espionaje que han creado una telaraña de influencias en todo el Mediterráneo!

¿O hemos de pensar en una mezcla de los cuatro si queremos entender mejor al Cervantes-hombre y alejarnos, por fin, del Cervantes-mito?

Y no paran de aparecer nuevos mitos cervantinos (y los que quedan)

¿Con cuántos Migueles de Cervantes nos hemos topado a lo largo de estas páginas, en la travesía compartida de la lectura, según la época o los investigadores que se han acercado a su figura? ¿Cuántos Migueles quedan todavía en tu cabeza y en tu recuerdo de los que aún no he tratado? ¿Cuántos Migueles de Cervantes se han ido construyendo en los casi trescientos años de estudio a partir de aquel lejano 1738, de su primera biografía? ¿Y cuántos en estos últimos años?

Este viaje ha sido, está siendo y seguirá siendo apasionante y creativo porque necesitamos llenar de palabras y de teorías los espacios de silencio, de sombras o de oscuridad de la vida de Cervantes. Hemos creado decenas de Migueles de Cervantes porque nos hemos ido alejando, casi sin quererlo, del Miguel de Cervantes-hombre, de ese UNO que lo fue en su tiempo de vida, por más que en una vida —la de Miguel o la de cualquiera de nosotros— podamos ser varias personas, o soñar con las varias personas que nos hubiera gustado ser.

Ahora que vivimos en una época en que la «identidad» se ha convertido en piedra de toque de nuestro estar y comprendernos en el mundo, ¿estamos mejor preparados para comprender al Cervantes-hombre o nos encontramos más lejos de él que en los siglos pasados?

Gregorio Mayans y Siscar, como el resto de los estudiosos y biógrafos del siglo XVIII, tuvo que construirse SU Miguel de Cervantes a partir de la imagen que Miguel de Cervantes proyectó de sí mismo, el Cervantes-personaje que, sin muchos cambios, seguimos recordando y difundiendo hoy en día.

¿Qué Cervantes es más «real»? ¿El que podemos imaginar que vivió hace más de cuatrocientos años o el que el propio Cervantes creó para ser recordado en el futuro?

Francesco Petrarca fue uno de los primeros autores en inventarse un personaje de sí mismo con sus *Cartas familiares*. En el centro de su vida sitúa la subida al monte Ventoux, momento de revelación que, con el tiempo, se ha descubierto que fue escrita años después. ¿Acaso ese Petrarca-personaje es más real que el Petrarca-hombre que necesitó escribirla para así convertir su vida en un tablero geométrico donde todo cobra sentido?

Y si al inicio de este viaje recuperaba el ejemplar de *El tiempo, gran escultor* de Marguerite Yourcenar, ¿qué es más real a la hora de comprender su vida: el archivo que fue construyendo en su isla, donde todo tenía una coherencia, o las experiencias que le tocó vivir donde tuvo que lamentarse de diferentes errores que quiso rectificar con su literatura?

Imposible ser historiador de uno mismo, contar los hechos como pasaron, sin cambiar nada: todos terminamos siendo poetas de nosotros mismos, nos contamos según lo que deberíamos haber sido.

Esta es nuestra naturaleza.

Los primeros biógrafos de Cervantes, los que hemos estudiado en los orígenes del Cervantes-mito heroico y ejemplar, no tuvieron el deseo de encubrir a otro o a otros Cervantes. Construyeron su biografía cervantina —que no deja de ser un relato coherente y estructurado— intentando encontrar el orden de unos pocos datos. Y, sorprendentemente, muchas de esas informaciones se complementaban entre ellas: ellos pudieron disfrutar de la sensación de estar a punto de completar un puzle de mil piezas.

Pero ya hemos visto juntos cómo el Cervantes-mito, esta particular biografía heroica y mítica de Cervantes, se ha construido a partir de otra ficción: la del Cervantes-personaje creado por el mismo autor. Nada en ella es historia.

Todos sabemos —aunque nos duela— que una vida no se reduce a las acciones que hemos realizado, las decisiones que hemos tomado (o han tomado por nosotros), con unas dosis de destino y de suerte, de casualidad y de oportunidad, que dan la sal al día a día.

Una vida, la verdadera vida, la de Cervantes-hombre y la de todos nosotros —más allá del papel de escritor que yo asumo en estos momentos o el papel de lector con que espero que tú estés disfrutando hasta ahora—, se nutre también de todo lo que nunca llegamos a hacer, las decisiones que nunca tomamos (o nunca nos dejaron tomar), con el destino y la casualidad siendo piezas fundamentales de esas otras vidas que nunca llegamos a conocer. Somos todo lo que hemos vivido (y hemos sentido, leído, conocido...), pero también todo aquello que hemos dejado en los márgenes.

Y si nosotros ya somos complejos como hombres y mujeres, en nuestra dimensión más humana, ¿cómo no lo va a ser Miguel de Cervantes, a quien seguimos acercándonos por la fascinación que nos produce su obra?

Página a página nos vamos introduciendo mar adentro y, página a página, llegamos al final de este primer viaje en nuestro particular análisis sobre cómo se ha construido el Cervantes-mito, ese Cervantes ejemplar y heroico que, sin muchos cambios, aparece como la columna vertebral de la mayoría de las biografías cervantinas.

Ahora ha llegado el momento de comenzar otro viaje, el que nos lleve a comprender cómo se ha construido el mito del Cervantes homosexual.

Y hablo de mito porque no deja de ser una construcción biográfica que, como también sucedía con el mito del Cervantes heroico y ejemplar, nos aleja del Cervantes-hombre.

Y a estas alturas del viaje bien puedo adelantarte una de mis conclusiones, uno de los puertos de llegada que nos esperan al final: el Cervantes-hombre, el «verdadero» Cervantes que vivió hace cuatrocientos años, se nos escapa, como la arena de la playa entre los dedos de las manos.

Es inevitable. Es su naturaleza.

Sobre todo, si queremos comprenderlo, a partir de una única mirada, imponer una hipótesis con el mármol frío de las conclusiones, como si la verdad fuera un territorio al que pudiéramos acceder a partir de nuestros experimentos humanísticos.

Solo al estudiar al hombre dentro de su época —al hombre y no al artista, al genio, al artesano, al provocador, al trabajador, al amante—, podremos acercarnos al Cervantes-hombre. Acercarnos a él sabiendo que siempre nos quedaremos a cierta distancia.

Como a ti mismo. Como a mí mismo.

Con las maletas llenas de todas las razones y causas que justifican la existencia del Cervantes-mito y del Cervantes-personaje, de los diferentes relatos (ficciones) que se han ido sucediendo a lo largo de los siglos, podremos comprender mejor cómo se ha construido el mito del Cervantes homosexual, y avanzar en el conocimiento, sabiendo que nos esperan en el viaje muchas tormentas.

Se trata de huir de las posiciones extremas, la del «señoro» que no acepta otra visión que la emanada de un machismo patriarcal que está en la base de buena parte de su heroísmo, o la del «moderno» que termina por imponer esquemas actuales a la comprensión del pasado, por más que repita y repita que no lo va a hacer. Nosotros vamos a buscar las aguas de la ciencia humanística, que es el único viaje que nos puede llevar al conocimiento (y así evitar las aguas suicidas de la opinión).

Unas aguas científicas donde no evitaremos tampoco al poeta, al escritor que duda o al que se equivoca, aguas que sabemos que nunca nos llevarán a algunos de sus sentimientos o de sus emociones más personales.

¿Cómo llegar a las emociones del Cervantes-hombre?

¿Acaso no escondía, como también nos pasa a nosotros, algún que otro secreto?

Y de ser así, ¿acaso sus secretos —como por ejemplo se ha defendido su condición o fantasías homosexuales— realmente constituyen la clave para comprender su genial obra literaria?

CERVANTES Y LA SODOMÍA

VII. LOS CUATRO DOCUMENTOS QUE HACEN TAMBALEAR AL CERVANTES-MITO

Grabado de Martínez de la escultura de Cervantes erigida en la plaza de las Cortes.
Procede de Jerónimo Morán, *Vida de Miguel de Cervantes Saavedra*,
Madrid, Imprenta Nacional, 1863 (colección del autor).

El Cervantes-mito se vuelve estatua con pluma

Era solo una cuestión de tiempo.

Un tiempo propicio para que el Cervantes-mito conquistara las plazas y las calles de todo el mundo y se convirtiera en un lugar de encuentro o en una dirección postal.

José Bonaparte, el rey napoleónico que vino a España para completar el proceso de afrancesamiento del siglo XVIII con la llegada de los Borbones, quiso dejar constancia pública de su admiración por Cervantes y su don Quijote levantando una estatua frente al alcázar madrileño. Pero no pudo ser. Como tantos otros proyectos tuvo que llevárselos de vuelta a Francia, junto con el nombre de Pepe Botella con que le bautizó el pueblo de Madrid.

Fernando VII, envidioso de una idea que había tenido el duque de San Fernando en 1831, será el promotor de la primera estatua de Cervantes en una plaza pública.

Y esta vez sí que sus deseos se cumplieron, aunque no la pudo ver instalada.

El Cervantes-mito de tantas biografías y estudios —como hemos ido compartiendo— se volvió bronce y mármol en julio de 1835 en Madrid. Y la cosa tiene su miga, pues es la primera vez que una persona que no fuera un rey o un militar o un religioso gozaba de tal honor.

¡A buenas horas mangas verdes!, seguramente estarás pensando: William Shakespeare ya contaba con su estatua desde 1740 en el Poet's Corner de Westminster Abbey de Londres. Pero tampoco nos podemos quejar: habrá que esperar a 1844 para que se construya la fuente de Molière entre las calles Molière y Richelieu en París, por poner solo un ejemplo y completar una tríada de mitos literarios europeos.

Y la estatua de Cervantes no se colocó en cualquier lugar de Madrid. Está en un espacio privilegiado: frente a las Cortes. La regente María Cristina no daba puntada sin hilo.

Si te pudieras acercar ahora a su nueva ubicación en la plaza de las Cortes, muy cerca del Ateneo de Madrid, te encontrarías con un hombre vestido con su jubón, ropilla, calzas enteras, cuello almidonado y herreruelo, como los describiría Alfonso Mateo-Sagasta en alguna de sus novelas. El escultor Antonio Solá tuvo el detalle de que la parte delantera cuelga del hombro izquierdo para así cubrir su brazo estropeado en la batalla de Lepanto. Tres elementos esculpen en bronce al Cervantes-mito: la mano derecha con una serie de papeles, la mano izquierda apoyada en el pomo de una espada y una inscripción de la peana: «Miguel de Cervantes Saavedra, Príncipe de los ingenios españoles».

Y así describió la prensa este momento histórico. Y vale la pena recuperar estas palabras para que veas que no me estoy inventando nada sobre el tono solemne y mítico del momento:

> Le vemos, sí, ese es Miguel de Cervantes, bien lo dice ese su noble semblante, esa frente espaciosa, esos ojos llenos del fuego del genio, ese porte franco y gallardo que bien revela el hombre de armas y de aventuras, y ese traje español siglo XVI. Él, lleno de una sublime inspiración, está en actitud de mudar el paso. [...] En la mano derecha tiene un rollo de papeles, indicio de que es un literato; y apoya la siniestra mano en el pomo de la espada, para significar su profesión de soldado [...]. Todo es vida, todo es alma juntamente y dignidad en esta estatua.

Aquí tienes, en bronce y granito, al Cervantes-mito. Un Cervantes que termina siendo heroico y ejemplar tanto en la vida (la espada) como en la escritura (el rollo de papeles).

Un Cervantes-mito que se ha consolidado en cientos de estatuas en tantas plazas por todo el mundo, en nombre de avenidas, calles, teatros, bibliotecas, centros culturales y hasta un parque temático en la Mancha. En 1879 se inauguró la estatua que preside la plaza de Cervantes en Alcalá de Henares. El mismo Cervantes-mito: tan solo que los papeles son sustituidos por una pluma.

Los investigadores de los siglos XIX y XX no hemos gozado de tanta suerte como tuvieron los del XVIII, que pudieron trabajar con un número muy reducido de documentos que apuntan todos hacia la misma diana de la vida ejemplar y heroica de Cervantes.

A medida que los archivos y bibliotecas comenzaron a proporcionar nuevos documentos cervantinos, la estatua del Cervantes-mito se empezó a tambalear y a salirle algunas grietas.

Detengámonos ahora en cuatro documentos que parece, y solo parece, que ofrecen una cara diferente a la del Cervantes-mito heroico y ejemplar; cuatro documentos que necesito que conozcas en su naturaleza pues serán piedras fundacionales de la construcción del nuevo mito moderno de la homosexualidad cervantina.

La mano derecha de Cervantes en peligro... ¿y su fama?

Imagínate qué sentirías si trabajaras en el Archivo General de Simancas y que una mañana, al comenzar tu jornada, abrieras un legajo del Registro General del Sello (es decir, los documentos que llevan el sello del rey), y te encontraras en la parte superior del folio la siguiente indicación: «Para que un alguacil vaya a prender a Miguel de Cervantes». Y aún no recuperado o recuperada de esta primera sorpresa, leyeras más abajo: «Secretario Pradera. Crimen».

¿Y te imaginas estar leyendo estas palabras en junio de 1840, en el momento del triunfo —incluso en las plazas públicas— del Cervantes-mito?

¿Un Miguel de Cervantes que ha de ser prendido por la justicia? ¿Qué delito ha cometido para que tengan que buscarle para ejecutar tal sentencia?

El documento no puede ser más interesante: se trata de una provisión real, firmada en Madrid el 15 de septiembre de 1569, en que se solicita al alguacil madrileño Juan de Molina que prenda a Miguel de Cervantes que está huido de la justicia después de haber sido condenado, entre otras penas, «a que con vergüenza pública le fuese cortada la mano derecha y en destierro de nuestros reinos por tiempo de diez años». ¿Su delito? Un duelo con un tal Antonio de Segura en la corte.

A pesar de todos los esfuerzos realizados, no se ha podido encontrar la sentencia de condena contra Miguel de Cervantes, donde resolveríamos muchas de las dudas que entonces tuvieron sus primeros lectores y que nosotros aún compartimos. ¿De qué otras penas se está hablando? ¿Quién es Antonio de Segura, que ha recibido estas heridas en la corte? ¿Se sabe cuál ha sido la razón del duelo? ¿Realmente este Miguel de Cervantes del documento es *nuestro* Miguel de Cervantes?

¿Qué hacer con este nuevo documento cervantino en las manos, que ofrece una imagen tan opuesta a la construcción del Cervantes-mito con una vida ejemplar y heroica, autor del *Quijote*, que se ha impuesto en la sociedad del momento?

Y como si estuviéramos ante una miniserie de Netflix de ocho capítulos, podemos recuperar su historia, que no es más que el recorrido de cómo se construyen y vuelven a construir los mitos cervantinos a lo largo del tiempo.

Capítulo 1: El informe como un nuevo Godzilla

Ante la aparición de un documento que puede hacer cambiar la imagen de Cervantes, el Archivo de Simancas entra en crisis. No están preparados para ser el origen de un escándalo ahora que se está discutiendo abrir sus puertas a los investigadores. El silencio y la desesperación se dan la mano en sus salas vacías... hasta que al director se le ocurre una idea que les puede salvar: el 25 de junio de 1840 envía una copia de este documento a la Real Academia de la Historia para que certifique la autenticidad de su contenido. Que ellos se coman este marrón, se dice mientras ve alejarse al correo camino de Madrid.

Capítulo 2: Cervantes y la revolución de 1840

El correo con la copia del documento llega a un Madrid que no está para muchas bromas. Pasa al lado de la estatua de Cervantes, cruza la plaza de las Cortes, donde el ambiente de crispación se nota hasta en la calle, y llega al palacete de la Real Academia de la Historia en la calle León. Los académicos comentan en corrillos que a la reina María Cristina le quedan dos telediarios de regencia y todo lo está orquestando el general Espartero para quedarse con el poder mientras la niña Isabel II va tomando buena cuenta de todo y, en especial, de lo bien que les sienta los uniformes a los escoltas, de lo ajustado de sus pantalones. El director de la Real Academia de la Historia recibe el correo de Simancas como lo que es, y le quema en las manos. A los pocos días, el correo vuelve a Valladolid: la Real Academia de la Historia certifica que el Miguel de Cervantes de este documento no puede ser, de ninguna manera, EL Miguel de Cervantes autor del *Quijote*, el que preside la ahora tan transitada plaza de las Cortes. El capítulo termina con la sonrisa de satisfacción del director del Archivo de Simancas al leer el dictamen. Todo vuelve a la tranquilidad del archivo, donde el tiempo parece que se ha detenido, ocupado en recuperar la memoria de los millones de documentos que allí se conservan.

Capítulo 3: Nos crecen las copias del documento

Parece que todo vuelve a la normalidad: la reina Isabel II jura la Constitución en 1843, O'Donnell hace desfilar a las tropas españolas que irán a morir a Marruecos delante de la estatua de Cervantes, recordando su pasado militar y su cautiverio en Argel, pero aquella copia que el director del Archivo de Simancas había enviado al director de la Real Academia de la Historia se multiplica, y en la corte no se habla de otra cosa. Muchos están escandalizados ante la posibilidad de que este Cervantes sea el Cervantes, y no quieren saber más. Mejor mirar hacia otro lado. Todos o casi todos. El capítulo termina con la imagen de un estudioso que está acabando de escribir una nueva biografía de Cervantes y en su mesa, entre otros documentos, se ve una copia de la provisión real. ¿Se atreverá a publicarla?

Capítulo 4: Un escándalo llamado Jerónimo Morán

A pesar de todas las recomendaciones, a pesar de las amenazas o de los consejos de los más cercanos, Jerónimo Morán se debe a su obra, se debe al encariñamiento ante este hallazgo, que no puede evitar publicar en la nueva biografía que ha finalizado en 1863. Será el primero en publicarlo y el primero en intentar comprenderlo. ¿Y si este Cervantes es nuestro Cervantes? ¿Qué le pasó en su juventud? ¿En qué líos andaba metido en la corte para terminar con una sentencia tan grave? ¿A quién se le ocurre participar en un duelo en la corte, cuando la pena era perder la mano derecha, justo esa mano en que tenía cifrada toda su esperanza y su futuro, siendo secretario de alguna casa nobiliaria en Madrid? ¿Y cómo tenerlo con un alguacil —aunque hoy sabemos que Antonio de Segura fue un alarife, es decir, un maestro de obras—, que conlleva ¡ni más ni menos! que diez años de destierro? Está claro que es un duelo de juventud —que le impulsa a abandonar Madrid—, pero ¿y la causa? Ese ha sido el gran tema en los últimos meses. Seguramente una mujer haya sido la razón del enfrentamiento, pero ¿ha sido un duelo de amor, de desamor, de cuernos o en defensa de su honra personal? El capítulo termina con esta duda, que es también la de Jerónimo Morán.

Capítulo 5: ¿Aceptamos «duelo de amor» como animal de compañía?

El documento ya forma parte de la vida de Cervantes, de nuestro Cervantes, por más esfuerzos que haya hecho la Real Academia de la Historia y los cientos de lectores que han criticado a Jerónimo Morán por haberse atrevido a publicarlo en 1863. Así se lo reprocharon en su momento y así se lo siguen haciendo. Pero el documento viene a dar sentido a una pregunta que todos se hacen y a la que nadie tiene respuesta: ¿por qué abandona Cervantes la corte de Madrid, donde tenía la posibilidad de prosperar y a finales de 1569 lo encontramos «estante en Roma»? ¿Un destierro voluntario —el Cervantes mítico— o un destierro obligado —el Cervantes del documento? A finales del siglo XIX Nicolás Díaz de Benjumea, uno de esos escritores y periodistas que merecería su propia serie, cree dar con la respuesta. ¿Y dónde va a encontrar la clave? En un texto de Cervantes: y volvemos al pecado original al entender las obras literarias como documentos históricos, el espacio donde esconder enigmas, traumas, secretos o informaciones biográficas. En su comedia *El gallardo español*, Cervantes relata un duelo similar, donde un caballero enamorado de una de las protagonistas, Margarita, ante una mala contestación de su hermano, termina retándole a un duelo, donde le deja malherido. «Ausentose y fuese a Italia»... palabra de Cervantes. Se confirma que una mujer vinculada a Antonio de Segura es la causa del duelo. ¿Quizá su hermana?

¿Acaso su mujer? Duelo, honra y sangre, ingredientes necesarios para una mala escena romántica.

Capítulo 6: Cien años de silencio

¿A quién le interesa este documento, la posible causa de la salida de Madrid, si este motivo le permitió participar a Cervantes en la batalla de Lepanto? ¿Qué hubiera sido del Cervantes-mito, de esa vida ejemplar y heroica, de haberse quedado en Madrid detrás de la mesa de un escritorio de una casa nobiliaria? ¿Con qué otras historias podrían haberse creado el Cervantes-mito que pudiera superar al «manco de Lepanto»? ¿Alguien da más? Desde este punto de vista, este documento es una anécdota y como tal, termina por fundirse en negro al final del capítulo. Como si desapareciera para siempre tras la imagen triunfante de la escultura de Cervantes en la plaza de las Cortes en Madrid.

Capítulo 7: Un giro de guion: Cervantes en una carroza en el Orgullo

La sala está abarrotada. Hace calor a pesar de que estamos en pleno diciembre. Un salón de actos convertido en el espacio en que el escritor Fernando Arrabal va a hablar del tercer brazo de Cervantes. Todo ha cambiado: la vestimenta, las costumbres, la forma de hablar. Estamos en 1988. En la Alcalá de Henares de 1988. Fernando Arrabal, que se crece en su voz aguda y con ese tono francés y castellano que la hace tan particular, ha conseguido captar la atención de todos hablando de un documento de 1569 que presenta como si fuera una novedad, como si fuera el único que lo hubiera leído desde que se publicara en 1863. Y realmente, nadie lo había leído como él lo está haciendo ahora. Y es su voz la que inunda la pantalla:

> Acusado de «pecado nefando», el joven Miguel leyó esta sentencia mirándose aterrado en la víctima que no quería ser. Dando el esquinazo, salió de estampida por la puerta de los carros. A galope huyó, en volandas a sus veintiún años. Tierra puso por medio apresuradamente, para escapar a la pesadilla.

Y mientras sigue hablando, mientras la imagen se va fundiendo en negro, antes que preguntarnos de dónde ha deducido en el texto que Antonio de Segura le ha denunciado por cometer el «pecado nefando», es decir, por ser sodomita, todos compartimos la misma duda: ¿por qué habla tan raro? ¿Por qué coloca los verbos al final de la frase?

Capítulo 8: Un final de película... *to be continued*

El documento de la provisión real que solicita al alguacil que detenga al huido Miguel de Cervantes en 1569 permanece en el Archivo General de Simancas. A buen recaudo. Las nuevas directoras tienen orden de no dejarlo ver a ningún investigador. Ni ese ni ningún otro documento cervantino. Los documentos que han sido escritos por Cervantes, o que llevan su firma o hablen de él han sufrido la misma historia que el Cervantes-hombre: han sido arrancados de su unidad original —de su tiempo, de su razón de ser— y se han convertido en un fetiche, en un objeto de culto: el documento cervantino-mito. Y sobre ellos cae el polvo del silencio. Una vez más.

Pero ¿ha acabado la historia de este documento aquí? ¿Habla de un hecho que le sucedió a nuestro Miguel de Cervantes o a otro Miguel de Cervantes que vivió en la corte de Madrid por aquel entonces?

El Cervantes-hombre sigue lleno de misterios y de espacios de silencio, como tiene que suceder en toda experiencia vital real, más allá de la construcción biográfica que es falsa en su arquitectura argumental.

Pero ante el misterio ni tenemos que obcecarnos en mirar hacia otro lado —el misterio siempre prevalece— ni llenarlo de mentiras y de teorías que solo tienen en la imaginación —o en nuestras propias vivencias— su razón de ser.

El documento es un dato.

Este documento es un dato.

¿Un dato que debemos seguir estudiando para saber si habla de nuestro Miguel de Cervantes o de otro Miguel de Cervantes que compartió con él tiempo y espacio en Madrid?

Entiendo que los constructores de mitos se pongan nerviosos ante este documento (este tipo de documentos heterodoxos): un nerviosismo incómodo para los constructores de un mito cervantino heroico y ejemplar y un nerviosismo alegre para los constructores de un mito cervantino en los márgenes de su tiempo, en el límite de la ortodoxia. Pero son meras construcciones, todas ellas.

A mí (y espero que, a esta altura del viaje compartido, sea a un «nosotros») me interesa este documento —como otros tantos de la época— porque muestra una realidad que pudo haber vivido o conocido el Cervantes-hombre. Los duelos estaban prohibidos en todas las ordenanzas, pero las continuas prohibiciones a lo largo del tiempo son una prueba de que se mantuvieron en el día a día. Como una realidad son las sentencias a las que se les condena y el deseo de todo condenado de intentar no cumplirlas.

Miguel de Cervantes, nuestro Miguel de Cervantes comenzó su vida adulta en un Madrid en construcción, en una corte que empezaba a poner los cimientos de un complejo sistema burocrático que permitiera controlar un complicado mundo político, económico y social que conocemos con el nombre de Monarquía Hispánica.

Un Madrid de oportunidades y de peligros.

Un Madrid que él vivió intensamente.

El falso divorcio de Miguel de Cervantes y Catalina de Salazar

El segundo de nuestros «fantásticos» documentos es uno de los más sosos y burocráticos de los que firmó Cervantes a lo largo de su vida: se trata de una carta de poder que otorga Miguel de Cervantes a su mujer, Catalina de Salazar, firmada en Toledo el 28 de abril de 1587.

¿Qué tiene de especial para haberse ganado un espacio en nuestro viaje?

En sus dos folios se repiten las fórmulas legales pertinentes por las que Miguel de Cervantes le da poder a su mujer para que gestione todos sus bienes durante su ausencia. Miguel de Cervantes partirá en unos días a Sevilla para comenzar sus trabajos como comisario real de abastos de la Gran Armada contra Inglaterra.

> Sepan cuantos esta carta de poder vieren cómo yo, Miguel de Cervantes Saavedra, vecino del lugar de Esquivias, jurisdicción de esta ciudad de Toledo, otorgo y conozco que doy y otorgo mi poder cumplido, bastante, según que le tengo y de derecho se requiere y más puede y debe valer y licencia y facultad bastante en forma, a vos, doña Catalina de Salazar y de Palacios, mi mujer, que estáis ausente...

Y así dos folios de fórmulas legales.

Pero, en ocasiones, los documentos hablan más en boca de las intenciones de los investigadores que en las palabras que lo conforman.

Este documento descubierto en 1920 y utilizado en su perfil burocrático por los especialistas, adquirió una nueva naturaleza en 1999, cuando el cervantista norteamericano Daniel Eisenberg publicó una conferencia en la prestigiosa revista *Anales Cervantinos* con el título: «El convenio de separación de Cervantes y su mujer Catalina».

Daniel Eisenberg se hace una serie de preguntas en que pretende mostrar la singularidad del documento:

¿Para qué le va a dar a su mujer un poder absoluto sobre sus bienes si solo va a viajar a Sevilla, y, en caso de problemas, podría estar en unos diez días de vuelta a Esquivias y solucionarlos él mismo?

¿Por qué le otorga un poder de manera unilateral, pues no solo se compromete a los bienes que ya tienen sino también a los que puede ganar el resto de sus días?

Preguntas que esconden LA pregunta: ¿fue feliz Miguel de Cervantes en su matrimonio? Y la respuesta, ¡cómo no!, hay que buscarla en las obras de Cervantes, pues, como defiende Eisenberg, «Miguel era un autor que hablaba a menudo de sí mismo» (¿tú también, Daniel?): los matrimonios más felices son los que la mujer casi nunca aparece (como los del Caballero del Verde Gabán y Antonio Moreno) y los que más se detallan, como el de Sancho Panza y Teresa o el de Cañizares en *El celoso extremeño*, son desgraciados (palabra de Daniel Eisenberg)... y como remate de su argumentación la siguiente sentencia: «El matrimonio de Cervantes y Catalina fue estéril».

¿Conclusión? Miguel de Cervantes no aguantaba a Catalina —¡a poco más de dos años de sus esponsales!— y decidió aprovechar la merced del puesto de comisario real de abastos que le obligaba a pasar largas temporadas fuera del hogar conyugal para separarse. Pero no cualquier separación: como Miguel de Cervantes es un señor —cansado del matrimonio, pero un señor—, y, por tanto, responsable, asume sus errores: por este motivo se separa de su mujer a la que no soporta, pero le deja una buena paga para que nunca sufra necesidades: «Miguel fracasa en su única experiencia y oportunidad en el matrimonio. Pero es una persona cautelosa y responsable, hasta idealista. Le importan las estructuras de la sociedad. Quiere que funcionen».

Y gracias al prestigio que tenía por aquel entonces Daniel Eisenberg y al que ha mantenido la revista *Anales Cervantinos*, de la que me enorgullezco de formar parte en la actualidad, ha hecho que esta teoría (por ponerle un nombre) se haya convertido en un argumento en la construcción de la homosexualidad de Cervantes: Miguel fracasó en su matrimonio, ¿quizá porque no le atraía su mujer (o las mujeres, en general), pero se vio obligado a pasar por este requisito social en la época para seguir adelante con su vida y con sus deseos homoeróticos?

Y no te eches las manos a la cabeza, asombrado lector, que esta argumentación la he leído impresa en algún que otro libro.

¿Por qué razón Daniel Eisenberg retorció este documento para convertirlo en dato documental de tal teoría bizarra?

El misterio se resolvió una noche en Esquivias. Había acudido allí a dar una conferencia, y en la cena tuve la suerte de que me sentaran al lado de Sabino de Diego Romero, que ha sido presidente de la Sociedad Cervantina de Esquivias y antiguo alcalde. Un hombre culto y elegante donde los haya.

En medio de la cena, entre vino y buenas anécdotas, me comentó cómo, siendo alcalde de Esquivias, había recibido una carta del profesor Daniel Eisenberg con el proyecto de organizar un coloquio internacional cervantino en Esquivias, al que le gustaría invitar a varios amigos suyos de Estados Unidos y de otras partes del mundo, todos ellos la flor y nata de los cervantistas del momento. El proyecto no sonaba mal. Pero lo que sí que estaba desafinado era el presupuesto, que, en las antiguas pesetas, estaba por encima de las posibilidades del ayuntamiento. Sabino de Diego le contestó una carta, pensada hasta en las comas para no ofender, declinando la propuesta por imposibilidad económica.

Daniel Eisenberg contestó a esta negativa —que merece todos los elogios por encontrarnos ante un alcalde sensato— con este artículo, «vengándose» de la más ilustre de las esquivianas: Catalina de Salazar.

Así se escribe también la historia del cervantismo.

Pero ¿sabemos si Miguel de Cervantes fue feliz en su matrimonio con Catalina de Salazar?

Esta pregunta me la hizo así, a bocajarro, la reina Letizia cuando vino con el rey Felipe VI a inaugurar la exposición *Miguel de Cervantes: de la vida al mito*, que había comisariado en la Biblioteca Nacional de España, uno de los actos centrales de las celebraciones del IV centenario de la muerte de Miguel de Cervantes. Fue el 4 de marzo de 2016. Estábamos justo en la sala donde se exponía el primero de los testamentos que hemos conservado de Catalina de Salazar.

Te puedes imaginar la situación: la pregunta era directa y la reina, con una mirada curiosa, estaba a la espera de una respuesta. Una respuesta rápida y concisa. No es la inauguración de una exposición un lugar propicio para la tertulia y para los matices. Pero ahí estaba el testamento de Catalina de Salazar para venir en mi ayuda:

«Majestad, ¿cómo saber lo que pasa en el interior de un matrimonio? Y más de un matrimonio de hace cuatrocientos años y en una sociedad en donde el matrimonio era un contrato. Lo único que sabemos cierto es que, en 1610, Catalina de Salazar hace su testamento. Y allí le deja a su marido varios bienes —"por el mucho amor y buena compañía que ambos hemos tenido"—. A mí con eso me vale para pensar que formaron una pareja, un matrimonio que se hizo compañía hasta el final, buena compañía».

Una compañía más allá de la muerte: Catalina de Salazar muere diez años después de su marido. Y en vez de querer ser enterrada en la iglesia de Santa María de Esquivias, junto a sus padres, manda que se la entierre en el convento de las Trinitarias en Madrid, junto a su marido Miguel de Cervantes.

«Esto es amor, quien lo probó lo sabe».

Y Lope de Vega acusa a Cervantes de ¿cornudo?, ¿sodomita?

El tercero de los documentos heterodoxos es un poema: ¡ni más ni menos que un poema que le dedicó Lope de Vega a Miguel de Cervantes! Un poema que nos lleva en nuestro viaje a 1604.

El año de 1604 no es cualquier fecha en la biografía de Cervantes. Después de casi veinte años, en unos meses verá de nuevo publicado un libro suyo (los primeros ejemplares del *Quijote* se pusieron a la venta en la Navidad de este año en Valladolid) y será este también el año del comienzo de su enemistad con Lope de Vega.

De agosto de este año, conservamos una carta de Lope a un doctor en Toledo. Al final escribe, con mucha mala leche: «De poetas, no digo: buen siglo es este. Muchos en ciernes para el año que viene, pero ninguno hay tan malo como Cervantes ni tan necio que alabe a don Quijote».

¿Realmente no hay ningún poeta «tan malo como Cervantes»?

¿Estaba cabreado Lope porque había leído las críticas a su forma de entender el teatro —que triunfaba en los corrales de comedias— que había escrito Cervantes en su *Quijote,* de inminente publicación?

¿O quizá todo comienza con este soneto que corría como la pólvora por Toledo, haciendo las delicias de todos los enemigos de Lope —que no eran pocos, quiero decir que eran muchos—, y que se le atribuía a la pluma de Cervantes?

Hermano Lope, bórrame el soné—
de versos de Ariosto y Garcila—,
y la Biblia no tomes en la ma—,
pues nunca de la Biblia dices le—.
También me borrarás La Dragonte—
y un librillo que llaman del Arca—
con todo el Comediaje y Epita—,
y, por ser mora, quemarás la Angé—,
Sabe Dios mi intención con San Isi—;
mas quiéralo dejar por lo devo—.
Bórrame en su lugar El peregri—.
Y en cuatro lenguas no me digas co—;
que supuesto que escribes boberi—,
las vendrán a entender cuatro nació—.
Ni acabes de escribir La Jerusá—;
bástale a la cuitada su trabá—.

A este tipo de versos, de un gran ingenio, se le conoce como de «cabo roto», pues se omite la última sílaba de la palabra en rima, obligando al lector a completarlos. Y no siempre es fácil… sobre todo más de cuatrocientos años después.

Miguel de Cervantes fue un maestro en este tipo de verso y tenemos otros ejemplos en su obra: sin ir más lejos, en el poema que escribe en nombre de la maga Urganda la Desconocida en los preliminares del *Quijote*.

¡Hasta para insultarse hacían buena literatura!

Hoy en día el poema se atribuye a Luis de Góngora, enemigo público número uno de Lope, el que realmente le disputaba la corona de la monarquía poética del momento, y un hombre que poseía tanta mala leche como ingenio literario.

Pero este tema de las atribuciones es secundario, ya que Lope de Vega entendió, en su momento, que el autor era Miguel de Cervantes (su «hermano» Cervantes), y, como respuesta, le envía este otro soneto, en que se ríe del éxito de su *Quijote*, pero, sobre todo, deja caer algunas acusaciones sobre su conducta y sus gustos sexuales. Este es nuestro tercer documento «fantástico»:

Pues nunca de la Biblia digo le—,
ni sé si eres, Cervantes, co— ni cu—,
solo digo que eres Lope Apolo, y tú
frisón de su carroza y puerco en pie.
Para que no escribieras orden fue
del cielo que mancases en Corfú;
hablaste buey, pero dijiste mu,
oh mala quijotada que te dé!
¡Honra a Lope, potrilla, o guay de ti!
que es sol, y si se enoja lloverá;
y este tu Don Quijote baladí
de culo en culo por el mundo va,
vendiendo especias y azafrán romí,
y al final en muladares parará.

Estos dos sonetos que han de leerse en conjunto (fíjate que el segundo comienza con uno de los versos del primero) son conocidos por los cervantistas desde el siglo XVIII, cuando Juan Antonio Pellicer los publicó en su *Ensayo de una biblioteca de traductores españoles* (más concretamente en el Madrid de 1778).

Pero, a pesar de que nos acompañan desde hace siglos, no está todavía del todo clara su interpretación. El cabo roto es un reto para cualquier lector (más de hoy que de ayer): ¿qué se esconde detrás de esas sílabas que faltan? ¿Y de tantas alusiones a animales que hay en el texto, entre otras tantas claves de lectura? Sin duda, habladurías sobre Cervantes en el mentidero de representantes, en los corrillos literarios en Toledo y en Valladolid, que todo lector del momento conocía, pero que ahora a nosotros nos toca descifrar.

Y, como suele ser habitual en este tipo de disputas literarias, se juega más con la ambigüedad y los múltiples significados que con el enigma: no se trata de encontrar la solución a una adivinanza (solo una posibilidad), como dejar en el aire el aroma de posibles interpretaciones, todas vinculadas si tuviéramos los datos adecuados para descodificar tal cúmulo de imágenes.

Pero, al grano: ¿de qué le acusa en concreto Lope a Cervantes?

Entre los cervantistas parece que hay unanimidad: la acusación tiene que ver con la actitud de su mujer (o quizá de sus hermanas, al formar parte de su núcleo familiar): de cornudo consentido.

El segundo verso («ni sé si eres, Cervantes, co— ni cu—») se completaría con las siguientes palabras: co-*rnudo*/cu-*clillo* (o quizá, cu-*cu*, que en francés viene a ser «cornudo»). Así lo sentenció el maestro de maestros, el siempre certero Martín de Riquer, y así se ha venido leyendo todo el poema, sin dedicarle mucha más atención al resto de las claves de lectura que pudiera encerrar.

El gran maestro Riquer, como apoyo a su interpretación, recuerda una letra o divisa que el falso *Quijote* de 1614 quiere llevar en las justas de Toledo que han de celebrarse en el *Quijote* apócrifo:

> *Sus flechas saca Cupido*
> *de las venas del Pirú,*
> *a los hombres dando el* Cu-
> *y a las damas dando el* pido.

Y ante este juego de ingenio al romper el nombre del dios del amor, Sancho pregunta a su señor por el sentido de «cu», a lo que este responde con un párrafo donde se acumulan imágenes de la época que todas remiten al mismo lugar, que no es otro que cornudo, cornudo y cornudo... y un cornudo que se relaciona con el castillo de San Cervantes, a las afueras de Toledo, por si quedaba alguna duda de la diana de sus pullitas literarias:

> —No —replicó don Quijote—, que aquel *Cu* es un plumaje de dos relevadas plumas que suelen ponerse algunos sobre la cabeza, a veces de oro, a veces de plata, a veces de madera, que hace diáfano encerrado a las linternas, llegando unos con dichas plumas, hasta el signo Aries, otros al de Capricornio, y otros se fortifican en el castillo de San Cervantes. (Cap. IV, p. 48).

Pero, a pesar, de esta explicación de «cu», y del juego clarísimo en el poema, el tercer verso es ambiguo, pues «a los hombres dando el cu—», también puede completarse con una clara alusión sodomita: «a los hombres dando el culo». Recuerda: no se trata tanto de dar con la solución a un enigma como de disparar el máximo posible de insultos en el menor número de versos posibles.

Pero en relación con la lectura de «cornudo», no se olvide tampoco el enorme juego que da el apellido Cervantes en este contexto, gracias a su relación directa con «ciervo», la mejor imagen del cornudo por su espectacular cornamenta.

Lo cierto es que cornudo es un insulto que, con un único impulso, ataca en varias direcciones: por un lado, es un ataque a las mujeres de su núcleo familiar (pues puede ser cornudo por la conducta de su mujer, pero también de sus hermanas Andrea o Magdalena, o de su hija Isabel, que viven todos juntos en este momento);

por otro lado, es un insulto dirigido al propio Cervantes, ya sea consentido o engañado; y por último, el estado de «cornudez» se relaciona directamente con dudas sobre su sexualidad, ya sea por su impotencia o por sus gustos sodomitas, de ahí que no extraña que a muchos cornudos se les represente como afeminados.

Pero ¿se agotan en «cornudo consentido» las acusaciones de Lope de Vega contra Cervantes en este soneto, con todos los matices que queramos sumar a uno de los insultos más habituales en estas disputas literarias?

Todo es y todo puede ser...

¿Cómo se ha atrevido Miguel de Cervantes, un viejo cincuentón que acaba de escribir un libro de caballerías y que ha publicado hace más de veinte años un libro de pastores del que nadie se acuerda, atacar al gran Lope de Vega, el Apolo que triunfa en la poesía y en los corrales de comedias?

«¡Honra a Lope!», le gritará el propio autor, igualándose a un Zeus (que es sol), que, de enojarle, «lloverá» sobre él todo su enojo aprovechando sus rayos para vengarse.

Y, sobre todo, ¿cómo se ha atrevido Cervantes a esa fechoría, cuando se sabe de él que es un cornudo o un sodomita, como su *Quijote* «que de culo en culo por el mundo va»? ¿O quizá, como me recuerda el procrastinador Justo Fernández, critica Lope lo malo que es el *Quijote*, que solo valdrá para limpiarse el culo con sus páginas y para utilizarlas a la hora de envolver especies de mala calidad en las tiendas, terminando todas ellas en los «muladares», que es donde se recoge el estiércol o la basura que sale de las casas?

¿Por qué abandonar esta interpretación cuando Lope de Vega está buscando esta ambigüedad en su crítica, lanzando múltiples acusaciones con las mismas imágenes, todas ellas polisémicas?

El joven y brillante filólogo Álvaro Piquero se ha adentrado con nuevas armas digitales en la poesía erótica de esta época para regalarnos un «tesoro de pasatiempos» en forma de libro: *El imaginario de la poesía erótica en los Siglos de Oro*. Y con este imaginario en la mano, podemos adentrarnos en otras lecturas de estos versos.

Así, el segundo verso, que es guía de lectura del soneto, bien puede leerse de este modo: «Ni sé si eres, Cervantes, co*(rnudo)* ni cu(*leado*)», o algunas de sus variantes, como «cu(*li roto*)», que aparece en otros poemas satíricos de la época. Ni Álvaro ni yo estamos seguros de que sean estas las palabras concretas detrás de este cabo roto; pero me da la impresión de que en todo el soneto se juega con un entrelazamiento de estas dos acusaciones: cornudo y sodomita, que no podemos obviar. A fin de cuentas, en muchos de los fueros de la época, cornudo o sodomita son insultos por los que han de pagarse buenos maravedís cuando se dice de una persona como vituperio:

> Cualquier que a otro denostare, y le dijere gafo o sodomítico, o cornudo o traidor o hereje, o a mujer que tenga marido, puta, u otros denuestos semejantes, desdígalo ante el alcalde.

Mejor no pagar maravedís y esconder los insultos con ingenio y utilizar un lenguaje ambiguo, lleno de múltiples lecturas.

Si Lope es como un nuevo Apolo por su dominio de la poesía, Cervantes es solo un caballo frisón que tira de su carroza literaria. Pero si tenemos en cuenta que frisón se dice también de «todo lo que es grande, corpulento y que excede a la medida regular» (RAE 1732), y que «carroza» puede estar por «carreta», una forma habitual de designar el pene, pues la referencia sodomita ya está en el aire, y en el *Libro de las maravillas* se habla de una tierra en que hay hombres cornudos que hacen ruidos como puercos. «Puerco en pie» remite de nuevo a ser cornudo (no veo aquí ninguna referencia a converso).

Si el autor del primer soneto le pide a Lope que borre todas sus obras, pues nada de lo que ha escrito vale la pena, Lope va más allá y expresa que es designio de los cielos (del mismo Apolo) que Cervantes no escriba nada (recuérdese su ausencia de los talleres de imprenta y de las tablas de los corrales de comedias), y de ahí «mancase en Corfú», es decir, que estropeara su mano en Corfú —y no en el Lepanto de su biografía—. ¿Y por qué elegir ahora esta isla del mar Jónico? En esta época, se encuentra bajo el dominio veneciano, y cualquier lector de la época sabe que cualquier alusión a una ciudad italiana es una clara referencia a… ¡sodomita!

¿Y por qué le llama Lope de Vega a Cervantes *potrilla* en este verso: «¡Honra a Lope, potrilla, o guay de ti!»?

Quizá porque *potrilla* «es el apodo que se da a los viejos que ostentan verdor y mocedad», según el *Diccionario de autoridades*. Y este potrilla procede de «potro», que es el modo de designar en el momento la hernia de escroto. ¿No se estará representando a Cervantes como un viejo verde?

Pero *potro* es término muy habitual en la poesía erótica y satírica de todos los tiempos, así como cabalgar. Potro está para designar el pene (como también puede ser imagen del hombre viril), y son continuas en estas poesías las alusiones al potro y al caballo que no deja de dar gusto a las mujeres… y a los hombres, como recuerda Manuel de Pina en su romance «A un italiano que fue maestro de escuela en Italia, preciado de músico, de quien se sentía mal, aunque no se decía bien», en que se leen estos versos que son claros como el agua de la fuente (nada que ver con nuestros versos lopescos):

De grande hombre de a caballo
hay quien le quiere alabar,
pero como sube en potros,
no dudo que lo será;
aunque tiene un gran defecto
en este particular:
que cabalga muy trasero
y así, pica muy atrás.

¿Por qué, entonces, llamar «potrilla» a Cervantes? Si el potro es el hombre viril que no deja de cabalgar a toda mujer que se le pone delante, ¿no será «potrilla» el hombre que se deja cabalgar? ¿Y no se utiliza ese diminutivo, que denota juventud, una nueva burla a la edad de Cervantes, a ese que los «jóvenes» (o maduros) escritores del momento de éxito, como Lope, desprecian, como desprecian su forma de entender la literatura, que consideran que pertenece a otro siglo, ya superado con sus genialidades?

No sé. No sé. Quizá nos estamos yendo un poco lejos en la interpretación... aunque este es el juego y la finalidad del cabo roto: obligarnos a buscar todas las posibles interpretaciones de un verso, que no se agota en una solución, como ya he repetido anteriormente.

Este tipo de sonetos, de composiciones satíricas donde el sexo tiene un papel protagonista, es habitual en la monarquía literaria de la época. Y su éxito procede de sus múltiples interpretaciones.

Cornudo, sin duda.

Pero también, quizá, sodomita.

«Ni sé si eres, Cervantes, cornudo ni sodomita» es la posible alternancia de estos insultos que puede leerse en este poema... o quizá no.

¿Ha volcado Lope de Vega en este soneto las habladurías y los cotilleos que se escuchaban en los mentideros, o es un invento suyo para atacar y despreciar a su «hermano Cervantes», tanto en su persona como en el éxito inmediato que tuvo el *Quijote*, que no olvidemos que triunfa «de culo en culo»?

Una vez más, quedan las preguntas en el aire. Ese aire del Cervantes-hombre lleno de matices y de sugerencias. Y de posibilidades: no es habitual acusar de sodomita a un escritor en la época. Al menos, no como parece que lo está haciendo Lope de Vega con Cervantes.

«Las Cervantas»: el origen del maltrato a las hermanas de Cervantes

El mito, como has podido comprobar, necesita de una voz potente y única. No hay espacio en el bronce para los matices, para los cambios y el aprendizaje. El mito instala una imagen —la que sea, ya sea el mito del Cervantes heroico y ejemplar o el mito del Cervantes homosexual— y anula todas las demás, le molestan. Y hacen todo lo posible por invisibilizarlas, por condenarlas a los márgenes. El mito solo se necesita a sí mismo. ¿Qué otra cosa puede hacer Miguel de Cervantes que escribir el *Quijote*, que vivir para escribir el *Quijote*, que sentir para escribir el *Quijote*, que sufrir para escribir el *Quijote*? El autor menguante es también resultado de un hombre menguante.

Al Cervantes-mito le molestan las mujeres de Cervantes. En especial, las hermanas.

Y el cuarto de los documentos fantásticos cervantinos, uno de los más interesantes porque es el único que nos permite hacernos una idea del Cervantes-hombre en Valladolid, ha sido la pieza que necesitaban los biógrafos cervantinos para volver sombras de la sombra a las mujeres de Cervantes, a esas que se llama (y ahora debes poner el mayor gesto de desprecio del que seas capaz) las «Cervantas».

Este último documento nace de una casualidad —¡de nuevo las casualidades como parte esencial de la vida!—: a las once de la noche el 26 de junio de 1605 se oyen unos gritos de auxilio a las puertas de una casa en los arrabales de Valladolid. Un duelo nocturno donde un caballero cae herido mientras otro se da a la fuga. Del primer piso, salen unos jóvenes para ver qué ha sucedido y, al ver el cuerpo herido, piden a su vecino que les ayude para subirlo a su casa.

Y este vecino no es otro que Miguel de Cervantes.

De haberse producido el duelo dos casas más arriba o más abajo, pocos detalles tendríamos de la presencia de Miguel de Cervantes y de su familia en aquel momento.

La casa de alquiler donde vivían los Cervantes en Valladolid es una buena muestra de la complejidad social y sexual de la época, a la que difícilmente tenemos acceso de otro modo. Una casa que se parece a la que nos regalaba cada semana el humorista Francisco Ibáñez en su *13, Rue del Percebe* (disculpa, pero me temo que has de estar frisando la edad de los cincuenta años para poder comprender esta referencia. Si no es así, te recomiendo que busques en internet esta tira cómica antes de seguir adelante, o que tengas presentes las series de televisión *Aquí no hay quien viva* o *La que se avecina*, que tanto deben al humor de Ibáñez).

En el primer piso, a mano derecha, vivía Luisa de Montoya, viuda del cronista Esteban de Garibay, con sus tres hijos. A esta casa se llevará el cuerpo del caballero y allí morirá al cabo de unos días.

Vecinos suyos, en este primer piso, serán Cervantes y su familia. En este momento, Miguel vivía con Andrea y Magdalena, sus hermanas, Constanza, hija de Andrea, y con Isabel, hija natural de Miguel de Cervantes, acompañados de una criada que procede de Esquivias, María de Ceballos, que había entrado a su servicio hacía unos meses. Catalina se encontraba en estos días en Esquivias, resolviendo asuntos familiares.

En el segundo piso, a mano derecha, vive Juana Gaitán, amiga de Catalina de Salazar en Esquivias, viuda de Pedro Laínez (también amigo poeta de Cervantes desde su juventud madrileña) y, recientemente, viuda de Juan de Hondaro. Con ella, vive su amiga Luisa de Montoya, con su sobrina Catalina de Aguilera, y, en estos últimos meses, se han instalado también en la casa la viuda María de Argomedo y Jerónima de Sotomayor, mujer de Rodrigo Montero, continuo del duque de Lerma.

En el segundo piso a la izquierda, contamos con otro modelo de familia: Diego de Miranda, que vive amancebado con Mariana Ramírez, y sus hijos pequeños.

En la buhardilla, vive Isabel de Ayala, viuda y beata (y ya se verá por qué este dato es esencial).

Este es el espacio cotidiano de la vida de Miguel de Cervantes en Valladolid, a donde se ha trasladado la corte hace unos años siguiendo el rastro del olfato inmobiliario del duque de Lerma (el mismo que le llevará a devolver la corte a Madrid unos años después). Un espacio cotidiano donde vemos la diversidad de los modelos de núcleos familiares habituales en la época, donde los femeninos son los más comunes. Sin olvidar el caso de la familia amancebada; así como familias con diferente poder adquisitivo compartiendo una misma casa, estando en los pisos inferiores los más pobres.

Las *Averiguaciones* realizadas por el alguacil para esclarecer los detalles del duelo podrían haberse convertido en uno de los documentos más objetivos sobre la vida de Cervantes, ya que se trata de un procedimiento judicial que tiene como finalidad resolver un duelo, que termina con la muerte de uno de los participantes. Pero hay dos factores que lo van a distorsionar todo. Como siempre, recuperar el tiempo y las circunstancias del documento nos permite situar sus informaciones en su verdadero contexto.

Las primeras indagaciones se dirigen hacia un caso típico en los últimos meses en Valladolid: un caballero —en este caso,

Ezpeleta, de la Orden de Santiago— vive una vida crápula, entre juergas y amoríos, en la noche pucelana junto a otros caballeros amigos. Un marido celoso y cornudo le reta a duelo y termina hiriéndole. Cuando el alguacil Cristóbal de Villarroel llega a la casa de Luisa de Montoya, ve unas joyas que lleva el herido, y se las guarda pues conoce su procedencia: la mujer de un escribano amigo suyo.

Blanco y en botella.

Siguen las indagaciones y las averiguaciones en el entorno del caballero Ezpeleta, sus criados y sus amigos, la dueña de la pensión donde vive. Todas las pistas se dirigen a la misma dirección: su amigo el escribano.

A las seis de la mañana del 29 de julio, Gaspar de Ezpeleta muere de las heridas sufridas en el duelo.

¿Te acuerdas de las penas por un duelo realizado en la corte? En este caso, además, agravado por la muerte de uno de los participantes. Adiós a la mano derecha de su amigo el escribano, adiós a verle durante unos diez años, condenado al destierro. El alcalde Villarroel tiene poco tiempo, pero tiene que pensar en algo para cambiar el rumbo de las investigaciones.

Y este «algo» tendrá un nombre: Isabel de Ayala, la beata, que tiene su propio relato de lo que pasa ahí dentro: «Señor alguacil, ¿usted cree que ha sido casualidad que el duelo se haya producido a las puertas de nuestra casa? Nada de eso. Siéntese y póngase cómodo, que yo le voy a contar todo lo que pasa con mis vecinas, con las que no tengo ningún trato, pues siempre me ha parecido mal y causado escándalo las demasiadas conversaciones y libertades con que viven».

Y el alguacil es todo oídos: ¡por fin tenía lo que estaba buscando! Y así podemos leerlo en el documento de las *Averiguaciones* conservado en la Real Academia Española. «En la casa de Cervantes, la peor es la hija, Isabel, que es público y notorio que está amancebada con el comerciante portugués Simón Méndez. ¿Miento? Pregúntele por el faldellín que le ha regalado, que no vale menos de doscientos ducados.

»En el segundo piso, también viven amancebados Mariana Ramírez con don Diego de Miranda, a quien no le deja su familia que se case con ella, pero que no piensan en otra cosa que en hacerlo y darle un hogar cristiano a sus criaturas. ¡Pobres!

»Pero ¡las peores son Juana Gaitán y sus amigas! Allí, todas mujeres viudas y solteras admiten visitas de caballeros ¡de día y de noche! No me extraña que el pobre difunto haya sido uno de ellos».

El alguacil Villarroel ya no necesita escuchar más: este mismo día 29 de junio manda a la Cárcel Real de Valladolid a Miguel de Cervantes, a Isabel, su hija, a su hermana Andrea y a Constanza, su hija; y a Simón Méndez, y a Juana Gaitán y María de Argomedo y su hermana y sobrina, y a Mariana Ramírez y don Diego de Miranda. Por unos días, la casa de Valladolid se queda casi vacía, solo con Luisa de Montoya y sus hijos y Magdalena en el primer piso, y la beata, Isabel de Ayala, que no se atreve a salir a la calle.

Unos días en la cárcel para salvar a su amigo, el escribano.

El 1 de julio, se acuerda la sentencia por la muerte del caballero Ezpeleta en un duelo a las afueras de Valladolid.

¿Condenados?

El portugués Simón Méndez fue condenado a no entrar más en la casa de Cervantes y a no hablar, ni en público ni en privado, con Isabel, la hija de Miguel.

Diego de Miranda, al ser reincidente en el delito de amancebamiento, tiene que abandonar la corte en quince días y no volver a ver, ni en público ni en privado, a Mariana Rodríguez ni a sus hijos, además de pagar seis ducados para pobres y gastos.

¿El resto?

Absueltos sin cargos.

¡Qué diferente se ha investigado y juzgado este duelo al posible duelo que Miguel de Cervantes protagonizó con Antonio de Segura en 1569!

Los caminos de la justicia —ayer y hoy— son inescrutables (o quizá demasiado escrutables, como en este caso).

Las «Cervantas», tal y como las llamó el niño Gaspar, uno de los hijos de Luisa de Montoya, sin más intención que la de situarlas en la casa, han quedado retratadas en las *Averiguaciones* de 1605 a partir de la mirada de la beata del último piso.

Esta imagen parcial ha condenado a las mujeres de Cervantes —en especial, a sus hermanas Andrea y Magdalena— a ser consideradas «cortesanas honestas», que es una manera muy políticamente correcta de llamarlas putas. Y así no extraña que Fernando Arrabal, como veremos más adelante, cuando intente una aproximación a la biografía cervantina, las tome como tales e, incluso, convierta la casa de Cervantes —como había sido la de su padre— en un lupanar. Pero tiempo al tiempo.

Este último documento «fantástico» dice más con lo que calla que con lo que termina por sacar a la luz.

¿Y nadie va a hablar del *Quijote* en este episodio, estando en junio de 1605, siendo tal su éxito en los primeros meses que hasta un caballero portugués se ha disfrazado de don Quijote en las recientes fiestas celebradas por todo lo alto en Valladolid, con la presencia incluso de los reyes? Yo siempre me lo he preguntado y, seguramente, tú también, lector amantísimo, te lo estarás preguntando ahora mismo.

Así es: las *Averiguaciones del caso Ezpeleta* dicen más con lo que callan. En los interrogatorios, el alguacil Villarroel le pregunta a Andrea por el oficio de su hermano y su respuesta es antológica:

«Hombre que escribe y trata negocios y que por su buena habilidad tiene amigos».

¿Por qué no aprovechar para haber sacado pecho por el éxito del *Quijote*, siguiendo el guion del Cervantes-mito, y haber contestado: hombre que ha escrito el *Quijote*, y trata negocios y que por su buena habilidad tiene amigos?

Como veremos en los siguientes capítulos, estos cuatro documentos, con algunas de las informaciones extraídas del tiempo del cautiverio cervantino en Argel y la lectura intencionada de diversos pasajes de sus obras, están en la base de la construcción del mito del Cervantes homosexual.

Ahora estamos en mejores condiciones para leer y entender los argumentos de los autores que desde Francia e Italia removieron en los años ochenta las aguas tranquilas del Cervantes-mito heroico y ejemplar, y se adentraron en nuevas aguas míticas. Unas aguas necesarias pues permitieron repensar a Cervantes en el siglo XX y proyectarle con nuevas miradas en el XXI.

Como verás, muchos de sus argumentos no me convencen, pero sí que les otorgo el mérito de haber sido capaces de hablar de Cervantes al margen de la sombra alargada de esa vida mítica que se había impuesto a lo largo de los siglos y que hacen difícil —por no decir imposible— la construcción de nuevos relatos alrededor de su vida.

VIII. LA SALIDA DEL ARMARIO DE MIGUEL DE CERVANTES: UN *OUTING* EN TODA REGLA

Volver a los años ochenta para quitar las telarañas al Cervantes-mito

«¡Por fin!», estarás diciéndote a ti mismo al comenzar este capítulo donde se trata de poner voz y argumentos a la salida del armario de Miguel de Cervantes. Y este «¡Por fin!» recorre el horizonte de nuestra travesía con la fuerza exultante que podemos imaginar en aquel «¡Tierra a la vista!» de las naves colombinas en 1492, creyendo que habían alcanzado su sueño de llegar a las Indias.

¡Por fin!

Y llegamos a este nuevo horizonte crítico con los deberes hechos y con el método que es el viento que ha posibilitado henchir las velas de las naves de nuestra particular investigación. En la base, se encuentra la filología, esa disciplina que atiende a la complejidad de los textos, que nos permite evitar las tormentas del fetichismo del documento al situarlo en su contexto de producción; y, como apoyo imprescindible, la historia, la disciplina que devuelve al tiempo su capacidad creativa, que sitúa en su contexto tanto la génesis como la transmisión de los textos y de las teorías (y metodologías) que nos han permitido comprenderlo. Y todo aderezado por el tiempo del escritor, de este yo poeta que ha querido estar también presente en nuestro viaje, rescatando mi propio tiempo como investigador y como persona, compartirlo contigo, que, a lo largo de esta travesía, te has convertido no solo en compañero sino en parte integrante de esta curiosa tripulación que hemos creado.

Y este «¡Por fin!» también tiene su tiempo.

Y como sucedía con la primera de las biografías cervantinas, la de Mayans y Siscar en la España afrancesada de 1738, el tiempo de las primeras teorías *queer* sobre Cervantes tendrá su momento en los años ochenta del siglo XX.

Y no es cualquier tiempo, como ya te has podido imaginar: es un tiempo propicio para el cambio. Un tiempo en los que abrimos los ojos a numerosas transformaciones.

Son los años de la movida madrileña y del triunfo del primer gobierno socialista en España y de los gritos de «¡que vienen los rojos!» que tanto miedo causaron (y siguen causando) en muchas de las casas de «gente de bien» que habían escondido su pasado franquista a la espera de mejores momentos fascistas, que no han tardado mucho tiempo en llegar.

Son los años de las primeras manifestaciones por la libertad sexual en España (la primera en 1977 en las Ramblas de Barcelona, encabezada por las valientes mujeres trans, que reunió a unas cuatrocientas personas), de las primeras asociaciones LGTBI y de hacer visible una realidad que seguía estando penada por la Ley de Peligrosidad, hasta que en 1979 se derogó el artículo tercero que aún convertía en delito «los actos homosexuales». Habrá que esperar a 1990 para que la Organización Mundial de la Salud retire la homosexualidad de su lista de enfermedades mentales. Años de luchas, de reivindicaciones que es difícil describir si uno no las ha vivido. Ahí están los datos, excelentemente estudiados por Rafael M. Mérida, uno de los pioneros en nuestro ámbito hispánico, para seguir profundizando en este tema.

Y estos años son también los del triunfo de nuevas corrientes de estudios literarios —sobre todo en el campo de la teoría de la literatura—, que han copado los departamentos de Humanidades de las universidades de Estados Unidos —y de ahí se han ido extendiendo por todo el mundo—, arrinconando y terminando por hacer desaparecer los acercamientos más tradicionales. Nuevas metodologías necesarias para abrir los ojos a nuevos campos de trabajo, a leer los textos del pasado con nuevas perspectivas, a dar voz a los relatos más silenciados. Y de su mano, se ha intentado explicar los procesos profundos del fenómeno literario a partir de las implicaciones del sexo o de las prácticas sexuales de los autores o de los personajes, perfilando un nuevo campo de estudio.

Y estos años ochenta son también los de la nueva fundación de la Universidad de Alcalá, que comenzó su andadura en 1977. En estos años ochenta abrió sus puertas la facultad de Filosofía y Letras. Y todos teníamos la sensación de que se abría una nueva etapa, que todo estaba por hacer, que todo se estaba construyendo y nosotros formábamos parte de esta nueva historia. Por ponerte otro ejemplo concreto con el que recuperar unas sensaciones a partir de las palabras y de la memoria: en 1985 comencé mis estudios de Filosofía y Letras en la Universidad de Alcalá, muy cerca de la plaza de Cervantes. Era la segunda promoción de la carrera de Letras. Y en aquel primer año, solo ocupábamos un ala del edificio del Colegio de Málaga: en los descansos entre clase y clase, cuando salíamos a fumar al pasillo (¡sí, se podía fumar en la universidad!), enfrente, en la otra ala, teníamos las miradas curiosas y divertidas de los últimos huérfanos que ocupaban las últimas camas de la primera planta, los últimos habitantes de aquel orfanato de la Comunidad de Madrid; una Comunidad que también había comenzado por estos años su andadura: en 1983 se aprueban sus Estatutos.

Lo dicho: estaba todo por hacer en los años ochenta. O esa era la sensación que teníamos muchos que comenzábamos a abrir los ojos al mundo.

Y será en este contexto donde aparezcan los primeros estudios sobre Cervantes que querían leer de otro modo su vida heroica y ejemplar. Era necesario limpiar las estatuas del Cervantes-mito de las telarañas y de la apropiación que había hecho de ellas el franquismo, esa lacra que está todavía demasiado presente en nuestra sociedad.

A lo largo del siglo XX, en especial después del ensayo de Américo Castro, *El pensamiento de Cervantes* (1925), las obras de Cervantes y, ¡una vez más!, el *Quijote*, habían pasado por la lupa de todos los movimientos críticos, de todas las tendencias, de todos los acercamientos científicos humanísticos. El *Quijote*, como ese tótem cultural mundial, había visto cómo se le multiplicaban las interpretaciones, tanto dentro como fuera de la letra impresa. Orson Welles se había atrevido a llevar a nuestro caballero al interior de un cine y a moverse por los campos de Criptana encima de una motocicleta, e incluso se había estrenado una película porno con el título de *Don Cipote de la Mancha*.

Y mientras tanto, el bronce y el mármol del Cervantes-mito ejemplar y heroico seguía ahí inalterable, lleno de telarañas y cada vez más alejado de los lectores, que lo miraban —como se miran muchas de las estatuas de nuestras plazas— sin ningún interés. Parece que poco más se podía decir de todo lo que ya se había escrito sobre Miguel de Cervantes ¡después de los seis tomos de la biografía de Astrana Marín publicada entre 1948 a 1958, los años más feroces de la dictadura franquista!

Pero todavía había mucho que hacer y que decir, nuevas miradas que ofrecer al mundo. Una de ellas, una de las más trascendentales será la del profesor francés Jean Canavaggio, uno de los cervantistas más generosos y amables que he conocido, que en 1983 (primero en francés y luego en español) enriquecerá los estudios biográficos cervantinos con la publicación de su *Cervantes*, que no ha dejado de reeditarse y de completarse hasta la muerte del autor hace unos años.

Y la otra: los nuevos aires procedentes de Francia y de Italia, donde se adentran en un territorio que las «biografías autorizadas» habían marginado: la sexualidad de Cervantes. En ellas navegaremos en las próximas páginas, recordando aquel tiempo de cambios y de nuevas posibilidades y teniendo como música de fondo el himno de una generación, como fue la sintonía del programa de televisión *La bola de cristal*, en la voz de Alaska:

Te sientas enfrente y es como el cine.
Todo lo controla, es un alucine.
Es como un ordenador personal.
Es la bola de cristal.

El Cervantes masoquista de Louis Combet con la entrada estelar de un Sancho Panza *queer*

En este contexto de una época en construcción, en que todo parecía que podía (y debía) hacerse y de unos estudios cervantinos que habían arrojado la toalla en profundizar, o mirar con nuevos ojos críticos, la vida de Miguel de Cervantes, hay que entender la importancia de la aparición de las obras que vamos a tratar, que colocaron, de nuevo, a Cervantes en el centro de las polémicas. Los años ochenta rompieron la cárcel de cristal en que se había encerrado a Miguel de Cervantes a lo largo del siglo XX.

Y este viaje no puede tener mejor comienzo: Louis Combet publica en 1980, en las Presses Universitaires de Lyon, su extenso ensayo: *Cervantes ou les incertitudes du désir* [Cervantes o las incertidumbres del deseo]. Al que le añade un subtítulo que quisiera ahora recuperar: «Una aproximación psico-estructural a la obra de Cervantes», pues marca los límites y la metodología de su investigación.

En muchos de los trabajos actuales que analizan la homosexualidad de Cervantes, se cita este libro como uno de los primeros que demuestran esta posibilidad. Pero el propósito de Combet, con su método estructuralista (análisis de los elementos semánticos y formales de los textos cervantinos para relacionarlos con ciertas constantes formales) y psicológico (descubrir las causas psicológicas que explican las elecciones artísticas del escritor), es el de intentar explicar las tendencias masoquistas frustradas de Miguel de Cervantes, una tendencia, que, como indicaba la crítica del momento, tenía en la homosexualidad latente uno de sus componentes esenciales (que comparte con la impotencia).

No te olvides de que estamos en los años ochenta y nos movemos en contextos de homofobia que hoy son impensables.

Y como si estuviéramos dentro de una nueva versión del famoso cuento de «El traje del emperador» (que Cervantes va a reutilizar magistralmente en su entremés *El retablo de las maravillas*), Combet se dedica a encontrar en el conjunto de las obras cervantinas (que son estudiadas como una unidad) una serie de personajes masculinos y femeninos que vienen a dar voz a su tesis de base: la personalidad de Cervantes —que se refleja en sus obras literarias— se conforma a partir de un complejo de Edipo no resuelto, donde sobresale la figura de una madre fuerte y castrante y un padre débil y castrado.

Y no me lo invento yo, que así lo escribió Combet al final de su obra:

> Doña Leonor perteneció sin duda a la estirpe de estas mujeres dominantes, de las que sabemos el papel que juega en la génesis de la impotencia, el masoquismo y la homosexualidad del hijo. (P. 551).

Y así Combet sacará su bisturí crítico en este particular diván del psiquiatra en que ha convertido su investigación, para buscar indicios de masoquismo (la gran parte de su ensayo), y, de su mano, de ejemplos de sodomía en la obra cervantina, más allá de las alusiones directas en los textos que tratan de Argel, que hemos visto en las páginas anteriores. Y Combet encontrará ejemplos de indicios de homosexualidad en *El retablo de las maravillas, Rinconete y Cortadillo*... y en el personaje de Sancho Panza. ¡Sí, has leído bien, asombrado lector! Sancho Panza *queer*. ¡Ahí es nada!

¿A que nunca habías tenido noticia de esta perspectiva de un Sancho Panza sodomita?

No te impacientes: aquí van los argumentos.

En primer lugar: Sancho Panza tiene un físico, con sus curvas y con sus glúteos generosos, a los que hace continua alusión, que termina siendo femenino. (Hoy tildaríamos a este argumento de micromachista...y sin el micro).

En segundo lugar, se puede apreciar en la conducta de Sancho Panza y en las palabras o expresiones que utiliza algunos indicios sodomitas. Con sus acciones o con sus palabras, Sancho expresa en numerosas ocasiones su deseo inconsciente de ser penetrado o fecundado (Combet *dixit*, página 284).

¿Cómo vamos a entender la reacción de Sancho al escuchar el triste relato de la Dueña Dolorida y de las barbas que le han crecido en la cara: «Las barbas y las lágrimas de estas señoras las tengo *clavadas* en el corazón» (I, cap. 41)? Y claro, ya sabemos lo que significa «clavar» desde que el castellano es castellano, como nos recuerdan estos versos anónimos del siglo XVI:

Si astrología sabéis,
antes que me destoquéis,
suplícoos que me clavéis
el punto en el mediodía
que me tocó mi tía.

Pero mucho más *queer* se va a presentar Sancho en la contestación que le da al barbero cuando le recrimina que sea tan loco como su amo:

> Yo no estoy preñado de nadie ni hay hombre que me dejaría empreñar del rey, y aunque pobre, soy cristiano viejo y no debo nada a nadie. (I, cap. 47).

En relación con la palabra «empreñar» o «preñar», Sebastián de Covarrubias lo tiene muy claro en su *Tesoro de la lengua castellana* (1611): en el caso de las mujeres, «empreñarse» es quedarse embarazada; pero en los hombres: «El que fácilmente cree en lo que le dicen parece empreñarse de palabras, porque las aprehende y concibe de manera que totalmente excluye a lo contrario».

No hay nada más que añadir, o quizá sí: Combet pone en relación esta contestación con la aventura de Clavileño en la segunda parte del *Quijote*, en que Sancho Panza se queja de lo que sufrirán sus posaderas de aceptar esta aventura pues tendrá que «ir sentado en una tabla rasa». Y, como es propio en Sancho, hará uso de uno de sus refranes, que tan bien conoce Combet, pues es uno de los padres del estudio científico de los refranes en Europa (lo que se viene llamando paremiología en los planes de estudios universitarios): «En priesa me ves y doncellez me demandas» (es decir, «me ves embarazada ¿y me reclamas virginidad?»), que vuelve al campo semántico de la «preñez».

Y, ¡claro está!, si Sancho asume un rol femenino (en decir, pasivo) en la pareja que conforma con don Quijote, este último tiene que asumir el masculino (activo). Y esto ¡se demuestra! en la diferente forma que tienen de subirse a Clavileño: Miguel como un jinete y Sancho como una mujer, a la amazona.

Y se pregunta Combet: ¿no es posible leer el episodio en que don Quijote le quiere bajar los pantalones a Sancho para completar los azotes que ha de darse para desencantar a Dulcinea como una «especie de fantasía de violación» (p. 285)? Y en el caso del manteamiento de Sancho Panza (I, 17), con su actitud pasiva y la imagen de aparecer y desaparecer sobre la tapia del patio, ¿no puede sugerir un intento de violación en grupo? (p. 286).

El mismo Combet termina este capítulo con esta conclusión: «Estos análisis pueden parecer sorprendentes. Pero que el texto cervantino permite este tipo de análisis es un hecho que nos debe hacer reflexionar» (p. 286).

Este es el gran mérito que tiene el libro de Combet, que me temo que se cita mucho más de lo que se ha leído: hizo reflexionar en aquellos turbulentos años ochenta sobre la sexualidad de Cervantes y su reflejo en su obra, aspecto que había quedado en los márgenes del Cervantes-mito, como hemos visto en los capítulos anteriores.

Louis Combet estaba tan fascinado con el concepto de masoquista, que se pasó de frenada: la obra literaria de Miguel de Cervantes ha dejado de ser un objeto de estudio para convertirse en un ejemplo, en el mejor de los ejemplos de un «masoquista de manual», con sus tendencias homosexuales latentes, claro está. Como escribió la profesora Ruth El Saffar en una reseña al libro: Cervantes se ha convertido en un paciente y sus obras literarias en su historial clínico.

¿Nos acercamos con este tipo de análisis al Cervantes-hombre, a ese hombre llamado Miguel de Cervantes? Me temo que no, pero estos pioneros pusieron las bases para que este viaje tenga sentido, y sea totalmente necesario.

El Cervantes marginado social: escuchar a Américo Castro

Curioso lector, antes de seguir avanzando en la construcción del mito de la homosexualidad de Cervantes, necesito que hagamos un alto en nuestro viaje y que escuchemos a uno de los cervantistas, de los intelectuales españoles más necesarios del siglo XX: Américo Castro.

Un intelectual atravesado por su tiempo, por ese tiempo de esperanza que fue la Segunda República Española, y ese otro tiempo de lucha y de decepción que fue el exilio después del triunfo del golpe de Estado de los militares sublevados, a los que terminó controlando un general de segunda llamado Francisco Franco (Queipo de Llano le llamaba «Paca la culona», por solo poner un ejemplo): tiempos a los que hay que añadir el de dos guerras mundiales y el del Holocausto y los campos de concentración nazis.

Con sus cuarenta años, Américo Castro publica en 1925 un libro esencial en el cervantismo: *El pensamiento de Cervantes*, que para muchos es la piedra sobre la que se levanta el cervantismo científico, que hoy goza de muy buena salud (y eso que los iluminados y los paracaidistas siempre están al acecho).

La obra de Cervantes leída como una unidad —más allá de la glorificación del *Quijote*—, y Cervantes situado en el universo literario genial de su tiempo, en la tradición artística de sus lectores, son dos de sus apuestas críticas, de sus méritos.

En 1948, cuando tiene más de sesenta años, publicará *España en su historia*, con un particular subtítulo: *cristianos, moros y judíos*; una nueva forma de entender la historia de España y su literatura, en la que los que viven en los márgenes —como lo es él mismo en este momento— terminan por ser esenciales en el devenir y el crecimiento de la patria. La historia de España, el ser español, no puede seguir escribiéndose desde la perspectiva de los valores inmovilistas de la pureza de la sangre (los cristianos viejos), sino que hay que devolverles su protagonismo a los verdaderos motores del cambio y de la modernidad: los que viven en los márgenes, es decir, los judíos y los moros. Y, sobre todo, en los Siglos de Oro, los conversos de origen judío, cuya nómina no deja de crecer en sus investigaciones: los hermanos Valdés, el humanista Luis Vives, el autor del *Lazarillo de Tormes* (iniciador de la novela picaresca), Mateo Alemán (autor del *Guzmán de Alfarache*, el renovador de la picaresca en el siglo XVII), Jorge de Montemayor (iniciador de los libros de pastores con su *Diana*), fray Luis de León, santa Teresa de Jesús...

Y entre estos dos libros esenciales, hemos de situar una guerra civil, un exilio y una declaración de principios: «Vivir es cambiar».

El Américo Castro del exilio —el marginado, el que ha sido expulsado de su tierra por sus creencias, como lo fueron hace siglos los judíos y los musulmanes de España por las suyas— poco tiene que ver con el Américo Castro de la Segunda República.

«Vivir es cambiar», le confesará a su amigo Marcel Bataillon en una carta. Y que lleva unos siete años escribiendo e investigando de una manera diferente:

> Yo no habría escrito este libro en España. Lo he hecho por sentir en mí a España como algo desaparecido, como unas «prendas dulces y alegres cuando Dios quería». He escrito un libro «amorosamente despiadado». (Carta del 23 de abril de 1946).

Y este libro —la investigación desarrollada por Américo Castro en el exilio— nace de un particular modo de entender la literatura, que se funda en su modo de estar en la vida: «Entender, sentir»... frente al modo de entender la literatura de los otros (como por ejemplo su amigo Marcel Bataillon), que es «conocer, saber».

El investigador debe tener su teoría.

Y Américo Castro trabaja por defender la suya, aunque tiene conciencia de que su defensa es casi quijotesca: nadie le comprende y todos le atacan, pero él sabe que, con el tiempo, vencerá como lo ha hecho don Quijote más allá de los límites de su libro:

> Algún día —yo no lo veré— dirán los libros que la limpieza de sangre contribuyó indirectamente a crear algunas obras geniales (ante todo el *Quijote*), e indirectamente a paralizar culturalmente a los españoles y a empobrecerlos. Insinuar esto cuando los *beati possidentes* pretenden entrar en el mercado común y en quitarle Gibraltar a Inglaterra, es realmente ser un aguafiestas. (Carta a Marcel Bataillon, del 17 de mayo de 1967).

«La limpieza de sangre» como una de las grandes lacras de España. En el Siglo de Oro y también en su tiempo, con el triunfo de la dictadura franquista, que a estas alturas ya ha recibido el reconocimiento de aquellas naciones que lucharon contra el fascismo durante la Segunda Guerra Mundial.

Y en el contexto de esta «cruzada quijotesca», enfrentándose a todos (ya sea en España, Francia o en Estados Unidos), hemos de situar su defensa de los orígenes conversos de Cervantes.

¿Te imaginas cómo caería en la España nacionalcatólica, que ha encumbrado al heroico y ejemplar Miguel de Cervantes, esta grieta en su estatua mítica?

Américo Castro defenderá —a pesar de las dudas y de las críticas de otros tantos estudiosos, como el propio Marcel Bataillon en un primer momento— que Miguel de Cervantes ha de entrar en la nómina de los autores conversos, un escritor marginado por sus orígenes y que, desde esta marginación, va a crear una obra moderna.

¿Cómo va a ser cristiano viejo el autor de *El retablo de las maravillas* y de *La elección de los alcaldes de Daganzo*? ¿Ni cómo podía serlo quien elogió en el *Coloquio de los perros* a los jesuitas, los cuales dicen —ellos mismos en 1572— que su colegio estaba «infame» por estar lleno de hijos de judíos? ¿Cómo va a ser un cristiano viejo quien defiende una espiritualidad erasmista, más personal e intimista, frente a la devoción de las procesiones y de los cristos sangrantes? ¿Acaso no fue su padre cirujano, que es profesión propia de conversos? ¿Y no fue él mismo recaudador de impuestos en Andalucía, que era un puesto también copado por conversos? ¿Y qué decir de los dos intentos —según Castro— en 1582 y 1590 en los que pretendió Cervantes ir a las Indias y no se le permitió?

Desde el exilio, Américo Castro quiere recuperar la España que destruyeron los fascistas, ese mundo de modernidad que estaban construyendo con la Segunda República, pero que el poder —los de siempre, el poder económico con el apoyo de la Iglesia y del ejército, los de la continua «limpieza de sangre»— no lo han permitido. Como les sucedió a los conversos en los Siglos de Oro, con Cervantes a la cabeza. Su marginalidad social les convierte en unos creadores de modernidad.

Estos son los orígenes del mito del Cervantes converso: una teoría que sirve de eje a las investigaciones de Américo Castro en el exilio. Algunos estudiosos defienden que Américo Castro al hablar de «su» Cervantes como converso en realidad está hablando de sí mismo como exiliado. Mi querido y admirado Jorge García López en su biografía cervantina utilizará una expresión feliz, al definir la visión de Cervantes de Américo Castro como «una fotocopia de sí mismo».

Los orígenes conversos de Cervantes son una teoría que se inserta dentro de una visión más general de la historia de España, donde Américo Castro quiere devolverles el protagonismo a esos «exiliados» que la voz del poder ha intentado siempre silenciar. Una visión que han abrazado discípulos de Américo Castro (en especial, Francisco Márquez Villanueva) o escritores como Juan Goytisolo.

El edificio crítico de Américo Castro, el que escribió en España —aunque el propio autor no era muy partidario de hablar de él—, y, sobre todo, el que desarrolló en el exilio, en que tuvo que reinventarse frisando la edad de los cincuenta años, sigue siendo piedra angular para entender la historia de España y buena parte de nuestra literatura.

Su necesidad de incorporar a Miguel de Cervantes en el conjunto de los conversos es, sobre todo, un sentir, la voluntad de un entender. Ni los argumentos sostienen tal teoría en la actualidad, ni se puede reducir a este aspecto que él considera identitario el modo de acercarse y comprender la obra de Cervantes.

La hipótesis de los orígenes conversos de Cervantes parecería que destruye el Cervantes-mito heroico y ejemplar para acercarnos al Cervantes-hombre desde una perspectiva nacionalcatólica. Pero es todo lo contrario.

Este mito nos está hablando más de la situación concreta del exilio de Américo Castro que de la vida de Miguel de Cervantes.

Y Fernando Arrabal creó el «tercer brazo» de Cervantes

Del 29 de noviembre al 2 de diciembre de 1988 se celebró en la conocida como Universidad Cisneriana de Alcalá de Henares, el I Coloquio Internacional de la Asociación de Cervantistas.

Y mientras escribo estos datos tan sosos, tan de informe burocrático, se me vienen a la cabeza varios recuerdos de aquel momento, también inaugural y esencial para la historia del cervantismo.

Por aquellos meses, estaba comenzando el tercer curso de la carrera de Filosofía y Letras en la Universidad de Alcalá, y participé con otros compañeros en la organización de este coloquio, que era el primero de la recién fundada Asociación de Cervantistas que, pasados los años, llegué a presidir. Al frente de la batuta de mando estaba su vicepresidente, el repostero cervantino José M.ª Casasayas, que había puesto su empeño en hacer realidad esta asociación —como a lo largo de los siguientes años puso todo su esfuerzo en mantenerla—. Y allí, en el salón de actos de la universidad y en los pasillos del patio de Santo Tomás, y el de los Filósofos, y en la cafetería uno podía cruzarse e intercambiar algún saludo y alguna que otra palabra con esos nombres que, hasta ese momento, solo eran lectura obligada en la bibliografía de nuestras clases: Martín de Riquer, Cesare Segre, Edward Riley, Alberto Sánchez, Jean Canavaggio, Claudio Guillén, Ángel Basanta o Carlos Alvar. Y junto a ellos, dos jóvenes que, con solo veintiún años, nos habíamos atrevido a presentar nuestras primeras comunicaciones a un congreso: mi querido y llorado Óscar Ayala, que habló de los elementos picarescos del prólogo de la primera parte, y yo, un jovencito proto-cervantista con elegante flequillo, que comparé el modelo caballeresco del *Quijote* con el que se emana de las obras de Ramon Llull y del *Tirant*. El programa del coloquio y la publicación de las actas dos años después no me dejan mentir (ni en el contenido ni en el tema del flequillo). Nuestra sesión la moderó, ni más ni menos, que Edward Riley.

Ahora que escribo y rememoro aquel martes 29 de noviembre de 1988, me siento más nervioso y abrumado de lo que recuerdo que me sentí aquella tarde. Lástima que no haya encontrado ni fotos ni recuerdos de aquel congreso. ¡Qué diferente sería si tuviéramos que evocar algunos de nuestros últimos encuentros cervantistas!

El miércoles 30 de noviembre el congreso cambió de sede para escuchar una conferencia fuera del programa, aunque relacionada con el mismo: la que impartiría Fernando Arrabal en el salón de actos de la Casa de Socorro, en la calle Santiago, una de mis calles preferidas de Alcalá.

La expectación era máxima y con Fernando Arrabal el espectáculo estaba asegurado. Solo se conocía el título, que había aparecido en el programa: «El tercer brazo de Cervantes». No faltó nadie. Ni los congresistas, ni los estudiantes de la facultad ni un grupo de curiosos alcalaínos.

Con estas palabras lo recordará el propio Arrabal pasados los años:

> Endomingado por tan inmerecido honor expuse mi visión apasionada y humilde de Cervantes. Y cuando más expuesto me creía, puestos en pie, generosamente, me aplaudieron aquellos brillantes eruditos, desde Jean Canavaggio a Martín de Riquer, a quienes tanto he leído y con quienes, si me lo permiten, «tanto he querido».

Lo cierto es que de aquella tarde recuerdo más los problemas de aforo del pequeño salón de actos del que ahora es centro de salud, que la imagen de un Martín de Riquer, sentado en primera fila, aclamando la intervención de Arrabal, que, como él explica, fue más apasionada que convincente.

Esta charla encabeza, a modo de introducción, el libro que le dedicó Arrabal a algunos aspectos de la biografía cervantina en 1996: *Un esclave nommé Cervantès* (*Un esclavo llamado Cervantes* en su traducción española de este mismo año).

¡Estamos ante el primer libro que en español se atreva a hablar de la homosexualidad de Cervantes! ¿Y en qué términos y con qué argumentos, te estarás preguntando? A partir del universo de Arrabal, que es único y genial. Un universo de ficción, por más que se vista con las galas externas del ensayo.

Fernando Arrabal parte de un interesante documento, al que ya nos hemos referido: la orden de captura del 15 de septiembre de 1569 contra Miguel de Cervantes «ausente», para que pueda ejecutarse la sentencia a la que se le ha condenado por participar en un duelo contra Antonio de Segura. Recuerda que Miguel fue condenado, ¡ni más ni menos!, a un destierro de diez años y a que «con vergüenza pública se le fuese cortada la mano derecha».

Y Arrabal, como ya hemos visto, da un giro de guion a la historia y da a conocer la «verdadera» causa del duelo entre Miguel y Antonio de Segura: la defensa de su honor y del «grupo de muchachos extravagantes y diferentes» que se reunían alrededor de López de Hoyos en su estudio madrileño: el círculo sodomita que ha recibido a Cervantes con los brazos abiertos (y no solo los brazos).

Ahí queda la cosa… ¿con qué datos o informaciones justifica Fernando Arrabal su teoría?

Cri, cri, cri… Silencio.

Palabra de Arrabal.

Este libro, que recibió elogios y premios en Francia y que, según confesó el propio Arrabal cuando se presentó en Madrid, llevaba años en su cabeza «desde que mi padre, un gran admirador de Cervantes, actuó de manera quijotesca el 17 de julio de 1936, en Melilla, cuando decidió no apoyar el alzamiento nacional» (*El País*, 23 de abril de 1996), es un texto a la anchura de la forma de escribir y de vivir de Arrabal. En alguna reseña del momento se dice que, en realidad, el libro, antes que de Cervantes, nos está hablando de la propia vida de su biógrafo.

Y así, en esta obra, la homosexualidad de Cervantes y la sexualidad del resto de los miembros de su familia dejan de ser una posibilidad o una hipótesis para convertirse en eje vital, que explica tanto su comportamiento como el de su hermana Andrea, que presenta como *madame* de su propio prostíbulo tanto en Madrid como en Valladolid.

Estas podrían ser sus respuestas si hubiera participado en uno de los programas del corazón a los que este tema tanto podría interesar (sobre todo en momentos de silencio informativo de los meses calurosos del verano en que estoy escribiendo este libro):

PREGUNTA: Señor Arrabal, ¿podría describirnos físicamente a Cervantes?

ARRABAL: Gracioso adolescente y seductor muchacho, capaz de desatar la pasión del cardenal romano o del bey de Argel, pero incapaz de disimular su tartamudez. Sin duda, era muchacho ocurrente, gracioso y afeminado, su aspecto tenía ya las características señaladas por Luis de Pedrosa en la *Información de Argel*: «Cervantes en extremo tiene especial gracia en todo... la color antes blanca que morena». (P. 69).

PREGUNTA: Según usted, ¿cuándo tuvo Miguel de Cervantes sus primeros amantes y relaciones homoeróticas?

ARRABAL: Dos colaboradores de la compañía [de Lope de Rueda] iniciaron al adolescente a los sustos y emociones del teatro y a las delicias y zozobras de una sensualidad diferente. Pedro Montiel, tramoyista y decorador, llegó al teatro desde su delicado oficio de hilador de seda. [...] Otro miembro de la compañía de Lope de Rueda también encalabrinó a Cervantes: Alonso Getino de Guzmán, fastuoso danzarín, afeminado y gracioso bailarín. [...] Chanfallo y el gracioso bailarín permitieron descubrir a Cervantes laberintos, infiernos y edenes de sexualidad. (Pp. 123-124).

PREGUNTA: ¿Tiene algún indicio o dato para defender esta hipótesis? ¿O es solo palabra de Arrabal?

ARRABAL: [...]

PREGUNTA: Y en Madrid, ¿dónde pudo encontrarse Cervantes con sus compañeros sodomitas?

ARRABAL: Cervantes, estudiante retrasado y aprendiz de poeta, en Madrid a los veinte años cursaba aún estudios propios de muchacho de quince o dieciséis años con López de Hoyos en su Estudio General de la Villa. Su maestro, que mucho le quiso, ayudó a la formación con otros hombres de su saber y de su sensibilidad. (P. 123).

PREGUNTA: ¿Se le conoce algún amante fijo en estos años a Cervantes?

ARRABAL: Apareció en Madrid en busca de Miguel el barbilindo danzante de Sevilla Getino de Guzmán. Como Hoyos, también hubiera podido elogios escribir sobre su caro y amado Cervantes. Aunque años les separaban del joven Miguel, no fueron obstáculo para su entrañable relación. [...] Con entusiasmo le contempló y con tino le mostró una sensualidad capaz de asentar su literaria ambigüedad. Don Getino iba con frecuencia a la «pensión» de la hermana y padre de Cervantes. Acompañado en ocasiones por López de Hoyos y por otros buenos amigos de devaneo, bullicio y literatura. Miguel los recibía usando palabras paganas, decidido a sacrificar lo visible a lo invisible. ¡Cómo le hubiera gustado robar el fuego del cielo! (Pp. 202-203).

PREGUNTA: ¿No resulta un poco extraño todo lo que cuenta?

ARRABAL: Miguel de Cervantes entró por fin en letras de molde en el coso literario español. *Miguel de Cervantes, nuestro caro y amado discípulo* lo dijo López de Hoyos en su más leído texto. [...] Llama la atención la amplia aportación de Cervantes en la *Historia y relación* de López de Hoyos. El viejo maestro y el joven discípulo atravesaban una luna de miel. [...] Cervantes gozó de privilegio. Compuso el principal poema: la elegía a Diego de Espinosa. Era el joven poeta en que su maestro había puesto todas sus complacencias y caricias. (Pp. 214 y 216).

PREGUNTA: Y de los brazos de sus maestros, López de Hoyos y Alonso Getino, a los del cardenal Acquaviva en Roma...

ARRABAL: Cervantes encontró en la ciudad muchos romanos semejantes al bailarín Getino de Guzmán o a su maestro López de Hoyos. [...] No se sabe si Cervantes fue uno de los agraciados mozos madrileños que, tras cortina de carroza, el legado pontificio con garantía acarició, pero desterrado, dio en la santa ciudad con el perfumado joven Acquaviva. Este convidole a mesa y alcoba, sin necesidad de utilizar cortinas. Introdújole en su cámara y diole el título de *cameriere*. (Pp. 244 y 248).

Este viaje por las «imaginaciones sodomitas» de Arrabal no da para más. Todo son orgías, pasiones, abrazos y frenesí. Todo huele a sodomita alrededor de Cervantes, como un perfume que termina por hartar al más entusiasta de los lectores. Los tercios españoles en

Italia, con sus uniformes llenos de colores y de medias bien apretadas, se vuelven un sueño erótico homosexual en la pluma de Arrabal:

> Mucho gustaron a Cervantes los uniformes militares, arreos y correajes variopintos lucían, con tantos colorines que decíase que los soldados se vestían de papagayos. El joven Cervantes, de papagayo uniformado, no desmereció dentro de la tropa. Como tampoco había desmerecido con el vistoso uniforme de camarero en el palacio de Acquaviva.
>
> El arcabucero Cervantes se imaginó frutas que nadie había probado, enzurronadas entre degradaciones y amoríos.

Llegados a este punto de nuestro viaje y de la lectura del libro, la palabra de Arrabal ha dejado de interesarme. De algunos momentos de lucidez del inicio, se ha pasado a una obsesión que no busca ni la coherencia ni la comprensión del pasado. La palabra de Arrabal no puede ser el argumento para defender la homosexualidad de Cervantes, aunque él se crea que ha conseguido escribir un texto que a todos ha convencido, como dijo en la presentación del libro en Madrid el 23 de abril de 1996, y que fue recogido por la prensa como un titular: «Los expertos reconocen la homosexualidad de Cervantes».

Me temo que tenemos que buscar mejores aguas para seguir adelante con nuestro viaje. Aquí hemos encallado, con todo lo puesto.

¡Ah! Por cierto, ¿y qué pasó con el tercer brazo de Cervantes?

En aquella sala abarrotada en la calle Santiago de Alcalá de Henares, aquel noviembre de 1988 Arrabal fue desgranando citas cervantinas sobre sus manos, y sobre todo sobre las heridas recibidas en la batalla de Lepanto (1571), de esos tres arcabuzazos que terminaron por dejarle estropeada su mano izquierda. Y así, ante la confesión de Cervantes en el prólogo de las *Novelas ejemplares* (1613) de que si alguien, al leerlas, cayera en algún mal deseo o pensamiento, se cortaría la mano con que las escribió, termina preguntándose Arrabal:

> Pero, asaltado por el asombro, el lector relee esta última frase: «Antes me cortara —"Me corto yo, Cervantes"— la mano con que la escribí». Y se pregunta extasiado: ¿cómo hubiera podido cortarse su miembro válido un manco? ¿De qué tercer brazo disponía Cervantes?

Arrabal, genio y figura.

El Cervantes marginado sexual: escuchar a Rosa Rossi

Y llegados a este punto de nuestra navegación: ¡cómo me gustaría poder presentarte como se merecen los estudios de la hispanista italiana Rosa Rossi! A ella le debemos, con solo dos ensayos (en palabras de José Ángel Valente, «eficaces»), el haber dado forma final al mito de la homosexualidad de Cervantes y a difundirlo entre los estudiosos españoles: *Ascoltare Cervantes*, 1987 (traducido y ampliado al español como *Escuchar a Cervantes*, al año siguiente) y *Sulle tracce di Cervantes*, 1997 (traducido por Juan Ramón Capella en el 2000: *Tras las huellas de Cervantes*).

Ellos serán nuestra compañía —nuestro particular canto de sirena— en el final de esta parte de nuestra travesía.

¡Qué difícil poder transportarte a aquellos años ochenta donde los estudios feministas y psicoanalíticos peleaban por encontrar un espacio entre los muros rígidos de la ciencia humanística más tradicional!

Escuchar a Cervantes nace como un grito de guerra: la necesidad de dar voz al autor que ha quedado enterrado bajo toneladas de mito heroico y ejemplar y la posibilidad de participar en la profunda revisión de su perfil biográfico que se estaba realizando en estos momentos. Desacralizar será una de las palabras más utilizadas entonces:

> Esta operación de «desacralización» de la figura de Miguel de Cervantes es una operación crítica dirigida a alejar a Cervantes de la interpretación completamente ideológica que se ha dado de él como

héroe epónimo de la concepción nacionalista centralista, unitaria y naturalmente compactamente ortodoxa con la historia de España.

Este es el espíritu de lucha y de barricadas críticas que se levantaban por aquel entonces. Todo estaba por hacer, también «dibujar el caso de Cervantes en la historia de las relaciones entre homosexualidad y literatura», que dependerá del desarrollo de la investigación, tanto en el plano literario (análisis de los textos) como historiográfico (profundización en la vida de Cervantes), «tal y como está cambiando el panorama de nuestro conocimiento sobre el siglo XVI».

Así se expresaba Rosa Rossi, llena de energía y de esperanza.

Frente a la ortodoxia —cristiana y patriarcal, capitalista y occidentalista—, era necesario ampliar el foco de visión, y abrir los ojos a nuevas perspectivas heterodoxas. Solo desde el mestizaje, poligénesis, bastardeo, mezcolanza o promiscuidad, por utilizar palabras de Juan Goytisolo en sus *Crónicas sarracinas*, es posible comprender las grandes obras de la literatura.

¿Qué queda de todo este espíritu de barricadas y de gritos de guerra después de casi cuarenta años?

Algunas de las predicciones se han cumplido como si en realidad hubieran sido diseñadas como una hoja de ruta: las novedosas tendencias críticas de estos años, que luchaban contra la hegemonía de los estudios que consideraban tradicionales y que copaban todos los puestos de trabajo universitario, se han terminado convirtiendo en hegemónicas, imponiendo ahora una nueva «tradición», una peligrosa monodia, como ya anunciara el profesor complutense Ignacio Díez en el año 2000, cuando analizaba las «aventuras, inventos y mixtificaciones en algunas biografías recientes de Cervantes». Lo que hace cuarenta años era novedad se ha vuelto con el tiempo, ese gran constructor, en tradición, que se comporta como tal: de manera hegemónica y dictatorial, sin dar oportunidad a que se escuchen las voces de los márgenes.

Otras, en cambio, se han quedado en tormenta de verano. Mucho ruido y pocas nueces.

Los libros de Rosa Rossi querían ser el acicate para crear un nuevo objeto de estudio alrededor de Cervantes, siguiendo la senda que se estaba completando con éxito con otros autores: la relación entre la diversidad sexual de Cervantes y la práctica de su escritura. Ir más allá de un acercamiento psico-estructuralista, con un manual de Freud bajo el brazo, como había llevado a cabo Combet unos años atrás.

> Va, en efecto, siendo cada vez más cierto que Cervantes tuvo experiencias homosexuales. Pero, cuando se dice «experiencias homosexuales», se trata de decir que en la vida de Cervantes entró poderosamente una fantasía de homosexualidad, sin que se pretenda distinguir el nivel fantástico del físico y sin afirmar que hubo o no hubo una experiencia física.

Pero el «caso Cervantes» no ha tenido continuadores. ¿Qué se ha hecho con el análisis de estas «experiencias homosexuales» en Cervantes? ¿Dónde están?

Casi cuarenta años después, hemos profundizado en el conocimiento de la biografía de Cervantes, y estos nuevos estudios han ido demostrando que los argumentos que se presentaban en estas obras de los años ochenta como «pruebas» de la homosexualidad de Cervantes o de las posibles relaciones homoeróticas que podía haber tenido a lo largo de su vida son todos falsos; o al menos, no pueden presentarse como pruebas de hipótesis sobre las que luego levantar teorías.

Y, al margen del tema tratado, ¿era tan novedoso el método utilizado por Rosa Rossi para «escuchar a Cervantes», al «verdadero Cervantes», y ofrecer un nuevo perfil biográfico?

En el fondo, sin saberlo ni darse cuenta, estaban todos ellos escuchando la misma letra y música de los primeros biógrafos de Cervantes. ¿Cómo construir una nueva biografía de Cervantes si se toman como base —y se leen de manera idéntica— los mismos textos fundacionales del Cervantes-mito?

Al final, Rosa Rossi, con su *Escuchar a Cervantes* y *Tras las huellas de Cervantes*, cae en el mismo pecado original de los primeros biógrafos cervantinos: tomar como documentos históricos los textos literarios. Y a partir de esta lectura querer volver a estos mismos textos con la finalidad de comprenderlos, de justificar sus propias teorías previas.

¡De locos!

Cuarenta años después, los textos de Rosa Rossi han terminado por construir un nuevo mito, y sus teorías e hipótesis —que no son más que eso, y, en ocasiones, partiendo de datos y de informaciones que ya en su época se había demostrado ser erróneas— se han vuelto para los defensores del «caso Cervantes homosexual» «palabra de Rosa Rossi», a la que suman la «palabra de Arrabal». Al final se ha construido un mito, el de la homosexualidad de Cervantes, que nos aleja del Cervantes-hombre como nos aleja de él el mito del Cervantes heroico y ejemplar.

Cuarenta años después estamos más preparados para hablar del tema sexual, o de la homosexualidad de Cervantes y de otros autores de la época, sin caer en la trampa de considerarlo un «pecado nefando», o un vicio o una enfermedad, porque en estos ensayos de hace cuarenta años, leídos hoy en día, se descubren detalles continuados de homofobia. Sin quererlo. Sin ser conscientes de ello. Ni nosotros cuando los leímos en su momento.

Con estos estudios me pasa lo mismo que con los anuncios, programas de televisión o películas de hace cuarenta años, donde aparecen personajes homosexuales, hacen chistes de maricas o se habla del tema. Lo que en aquellos momentos nos parecía normal hoy en día rechina y ofende: desde reírse de los personajes con pluma o que se maquillaran o vistieran de una manera disidente, a expresiones de sorpresa porque «no parece que seas gay o lesbiana», sin olvidarnos del «secular encumbramiento» de la transexualidad, que no aparece ni se le espera.

El propio punto de partida resulta un tanto homófobo: ¿por qué hablar de la homosexualidad de Cervantes conlleva derribar el mito del Cervantes heroico y ejemplar? ¿Acaso no estamos asumiendo que esa ejemplaridad y heroicidad solo se puede dar entre heterosexuales varones con unas características físicas determinadas?

Y espero que nadie me acuse de heterofobia, porque yo no tengo nada contra los heterosexuales, incluso tengo algunos amigos que lo son; aunque, eso sí, tampoco es necesario que lo vayan pregonando por ahí. Yo no me meto, que cada uno haga en su casa lo que quiera, pero de ahí ¡a ir por la calle cogidos de la mano! ¡Por Dios! ¡Que algún niño o niña los puede ver!

En todo caso, a pesar del tiempo transcurrido, a pesar de que muchas de las teorías allí expuestas hoy en día no se sostienen, hay que reconocerle a los libros de Rosa Rossi —como así se ha hecho con el tiempo a los estudios de Américo Castro para el caso de la visión compleja de la historia de España— el que siguen siendo inspiradores para plantearse un tema que, normalmente, está ausente de nuestros estudios literarios: la sexualidad.

Y este será el destino de nuestro último viaje crítico en estas páginas: avanzar hacia la sexualidad del Cervantes-hombre, una sexualidad que ha de alejarse de una única mirada (propia del mito) y mostrar toda su complejidad. Como compleja es la realidad sexual a lo largo de los Siglos de Oro y los diferentes acercamientos que podemos hacer a este apasionante tema.

IX. LOS SIETE PECADOS CAPITALES DEL CERVANTES SODOMITA AL DESCUBIERTO

En las páginas que llevamos en nuestra travesía hemos visto los orígenes de la creación de dos mitos alrededor de Cervantes: el del Cervantes heroico y ejemplar y el del mito del Cervantes homosexual. Dos mitos que, en su construcción, nos alejan del Cervantes-hombre, última parada de nuestro viaje.

Pero antes de cargar nuestras naves con nuevo combustible para adentrarnos en las aguas de la sexualidad en la época de Cervantes, creo necesario resumir lo que hoy sabemos de las «siete pruebas irrefutables» con que se sigue defendiendo la homosexualidad de Cervantes en las obras que se acercan al tema. Y lo haremos siguiendo el guion de los siete pecados capitales, que es una guía tan buena como otra cualquiera.

La Gula:
¿Fue Alonso Getino de Guzmán el gran amor de Cervantes en su juventud?

Así lo defiende Fernando Arrabal en su libro, como ya hemos visto. Y como has podido leer lo hace con un único argumento: palabra de Arrabal.

¿Qué sabemos de Alonso Getino de Guzmán?

De origen toledano, nacido hacia 1532 o 1533, estuvo muy vinculado a Lope de Rueda y a aquel teatro de plazas y de fiestas mayores, que pronto abandona para dedicarse a varios negocios, que le reportan algunos beneficios. Nombrado alguacil de Madrid y encargado de trabajos menores para los grandes festejos, estuvo muy vinculado a la familia Cervantes y fue amigo del padre Rodrigo de Cervantes, con el que coincidió en Valladolid hacia 1551. Relación que se hizo más intensa cuando todos ellos se instalan en Madrid alrededor de 1566: Alonso Getino de Guzmán, dada su experiencia en el teatro, será el encargado de organizar la tristeza y la alegría de la corte ante los acontecimientos relacionados con la Casa Real por estos años. Así, en octubre de 1567, será el responsable de hacer presente en las calles de Madrid la alegría por el nacimiento de la princesa Catalina Micaela, la segunda hija del rey Felipe II con su tercera esposa, Isabel de Valois; y un año después, le tocará el turno a la tristeza desconsolada por la pérdida de la reina, con tan solo veintitrés años. En estas dos celebraciones, Miguel de Cervantes dará a conocer sus primeros versos de la mano de Alonso Getino, y de su maestro el doctor López de Hoyos.

¿Son estos datos suficientes para «demostrar» que Alonso Getino de Guzmán pagó los favores sexuales de Cervantes —o su enamoramiento— con la petición de poemas para estar presente en estas celebraciones municipales? ¿O quizá se parte del prejuicio de que en las tablas teatrales solo puede haber o putas o maricones?

El nombre de Alonso Getino de Guzmán, por no cansarte con más datos, aparecerá en otras dos ocasiones muy vinculado a los Cervantes: cuando Rodrigo de Cervantes pida en 1569 una información para demostrar la hidalguía de nuestro Miguel, allí estará como testigo Alonso, con unos treinta y seis años más o menos a cuestas: «Y que conoce a Rodrigo de Cervantes y a su hijo de ocho años a esta parte y más tiempo, y que es hombre de buena vida y persona que ante todos los que le conocen ha sido habido y tenido por persona limpia, que no ha sido sambenitado ni por el Santo Oficio castigado». Ahí queda escrito.

Y un último favor a la familia Cervantes: Leonor de Cortinas, la madre de Cervantes, solicita un permiso al Consejo de Cruzada para poder comerciar con naranjas en Argel, y así sacarse sus buenos maravedís y poder pagar los rescates de sus hijos. En la solicitud se exige que presente avales para poder hacer frente a la devolución de la ayuda en caso necesario. ¿Quién aparecerá de avalista de la familia Cervantes? Pues, ¡claro!, Alonso Getino de Guzmán.

Hay que ser muy retorcido para ver en estos datos indicios de una relación amorosa homosexual entre Alonso Getino de Guzmán y Miguel de Cervantes.

La Ira: ¿Fue el Estudio General de la Villa de López de Hoyos un club gay?

¿Y de dónde te has sacado esta teoría tan peregrina?, te estarás preguntando. Y tú mismo te estarás respondiendo: palabra de Arrabal. Pues eso: palabra de Arrabal.

Hemos pasado de considerar el Estudio General de la Villa de Madrid como casi una universidad que hace la competencia a la Complutense en Alcalá de Henares y un foco de erasmismo (según la versión del Cervantes-mito más heroico, ejemplar y franquista), a convertirlo en un club donde se reúnen los sodomitas de Madrid, liderados por un López de Hoyos soltero, que vive con una madre castradora (y de nuevo, ¡cuánto mal ha hecho el psicoanálisis freudiano mal digerido!).

Y la relación amorosa entre ellos vendría de una frase que incorpora López de Hoyos en la relación de las exequias de la reina Isabel de Valois que se publicará en 1569, donde al hablar de Cervantes le menciona como «caro y amado discípulo».

¡Claro, Juan López de Hoyos, que ha sido nombrado en 1568 catedrático del Estudio de la Villa, no tiene otro lugar para hacer una declaración amorosa sodomita que en el libro que le ha encargado el ayuntamiento para mostrar el dolor del pueblo de Madrid por la pérdida de la reina! Todo muy lógico.

Gracias a los meticulosos y siempre chispeantes estudios de Alfredo Alvar, hoy conocemos mejor en qué consistía ese título tan altisonante de «catedrático del Estudio General de la Villa de Madrid», y la relación que les unía a maestro y discípulo, que ya no tenía edad para seguir los estudios reglados: alumno de la escuela privada que tuvo que abrir el catedrático López de Hoyos, para complementar un bajo sueldo y las malas condiciones de su Estudio de la Villa, con sus goteras y ratas, muy alejada de los medios con que contaban los colegios de los jesuitas. Salvando las distancias, algo parecido a lo que sucede hoy en día con las universidades públicas (ahogadas por las deudas y la escasa financiación) y las universidades privadas que muestran una escenografía de lo más aparente para sacarle el máximo dinero a sus clientes (que no universitarios).

Nada de lo que conocemos sobre López de Hoyos o el Estudio General de la Villa permite ni imaginar una relación sodomita entre maestro y discípulo, entre López de Hoyos y su «caro y amado discípulo».

La Envidia: Las *verdaderas* razones del duelo entre Miguel de Cervantes y Antonio de Segura

Y vamos hacia la tercera de las imaginaciones homosexuales de Fernando Arrabal, que se relaciona directamente con las dos anteriores: Antonio de Segura sería uno de esos hidalgos madrileños que se reiría de las tendencias sodomitas de un joven Cervantes que pasea con sus compañeros del Estudio General de la Villa haciendo del centro de Madrid un antecedente de Chueca.

Y aquí vendría a pelo el refrán: Culo veo, culo quiero; si no lo viera, no lo quisiera.

Y no hace falta decir más, que, ya se sabe, la envidia y la fiebre matan al que las padece.

Y ya que estamos situados en el pecado de la envidia: ¿por qué no imaginar que el duelo entre Miguel de Cervantes y Antonio de Segura tiene su origen en el deseo de Antonio de ser admitido entre los amantes de Cervantes, o que lucharon en duelo por el amor de uno de esos jovencitos del club gay de López de Hoyos? Y ¿por qué no pensar que su duelo fue como el que tuvieron Marte y Venus, que fue descubierto por un sorprendido Cupido, según los versos de Luis de Góngora?

Halló trabados en venéreo duelo
a Marte y Venus una vez Cupido,
y a Marte bien armado encima vido
y a su madre tendida por el suelo.
Espantose y, trocando el fuego en hielo,
a los pies sin sentir se le han caído
el arco y las flechas, de quien han temido
aun los mayores dioses en el cielo.
Mas cuando libre le dejó el espanto,
¡Que matan a mi madre!, a voces dijo,
el rostro hermoso en lágrimas bañado.
Riose Venus de su tierno llanto,
y dice alegre: «No me mata, hijo,
¡menos le temo cuanto más armado!».

La Lujuria: Miguel de Cervantes nunca abandona la cama del cardenal Acquaviva

¿Cómo no vamos a creer a Miguel de Cervantes cuando en los preliminares de *La Galatea* (1585) habla de que fue camarero del cardenal Acquaviva, donde escuchó hablar muy bien de su pariente, Ascanio Colonna, a quien dedica la obra? Estamos en el año de 1569, como ya hemos visto en otro momento de nuestra travesía.

A pesar de todos los esfuerzos que se han hecho, no se ha encontrado documentación que dé cuenta de este trabajo que dice haber tenido Cervantes a su llegada a Roma. ¿Llegaron juntos desde Madrid, donde el cardenal —que era un jovencito, de la misma edad de Cervantes— había sido enviado por el Papa en 1568 para dar el pésame al rey Felipe II por la muerte del príncipe Carlos y, poco después, de la reina Isabel de Valois? ¿Se conocieron allí y quedó prendado el cardenal por el ingenio de Cervantes, los poemas que pudo leer suyos en las muestras públicas de dolor del pueblo de Madrid, como así defendieron los primeros biógrafos de Cervantes? ¿O es de algún atributo físico del que se quedó prendado el cardenal y con el que disfrutó tanto en Madrid como en Roma, como le gusta imaginar a Fernando Arrabal?

Sobre el cardenal Acquaviva, que murió en 1574 a los veintiocho años, se ha creado un personaje que hay que relacionar con las luchas internas entre la nobleza laica y eclesiástica (que es toda una), donde se le presenta como un depravado homosexual. Pero un lector del Siglo de Oro se preguntaría ahora: pero ¿no son todos los italianos homosexuales? Este es un lugar común en la literatura satírica y erótica de la época: hablar de Francia es hablar de la sífilis, el mal francés; y hacerlo de Italia o de sus ciudades es un dardo certero al corazón de los sodomitas. ¿No se habla del ano como de la puerta de Italia, siendo la vagina la puerta de España? Así se utiliza en los últimos tercetos atribuidos a Francisco de Quevedo, donde hace una ingeniosa descripción de una prostituta conocida como Lícori:

Y, porque no se quede parte ociosa,
de Italia abres la puerta a tu persona,
sin cerrar la de España solo un punto.

Esto sí, pese a mí, es ser provechosa
alcahueta, hechicera y valentona,
puta de marca y sodomita junto.

No olvides que sodomita es una práctica sexual (dar por culo), que es penalizada tanto entre hombres como entre parejas heterosexuales.

Siempre me he preguntado: ¿qué interés le mueve a Cervantes a citar al cardenal Acquaviva a la altura de 1585, cuando lleva once años ya muerto? Está claro que es un guiño para mostrarle la estrecha relación que había tenido con Ascanio Colonna, a quien dedica la obra, años antes, ¿pero no le saldría el tiro por la culata si realmente la fama de sodomita de Acquaviva llegaría a ser un deshonor para su familia? ¿Acaso va a salir a la plaza pública de su primera obra impresa haciendo una confesión de sodomía, así, sin necesidad, en la carta dedicatoria?

Todo lo contrario.

Por más que sean muy lujuriosas las escenas de intimidad entre Cervantes y el futuro cardenal Acquaviva que se imagina Arrabal dentro de un imaginario antro gay de los años ochenta, poco parecen tener que ver con la realidad del momento.

La Avaricia: ¿Realmente se enamoraron Hazán Bajá y Miguel de Cervantes en los baños de Argel?

No fue fácil la vida de Hazán Bajá, a pesar del personaje que se ha creado de él, en donde destaca su codicia, su sadismo y sus ansias desmedidas de poder. No es fácil sobrevivir en un tiempo en que todos quieren ocupar tu lugar, disfrutar de tus bienes y compartir el placer de tu cama. No es fácil y no lo tuvo fácil el niño Andreta que, a los pocos años, fue raptado y llevado a tierras de moros. No es fácil crecer sin nadie en quien confiar, sabiéndote solo para toda la vida, por más que estés rodeado de gente y de criados.

No es fácil ser tampoco este personaje atormentado que me estoy inventando en estos momentos, ni, tampoco, es fácil ser rey de Argel, aunque también es verdad que menos fácil es ser cautivo de almacén y estar a las órdenes de cualquier amo, convertirte en su juguete sexual o en fuerza desangrada en las galeras que surcan el Mediterráneo.

No es fácil, sin duda.

Nada es fácil.

Rosa Rossi en su *Tras las huellas de Cervantes* cree ver en la aparición de Hazán Bajá en varias obras de Cervantes, en este trasvase entre la vida y la literatura (ese mundo que nos toca vivir y el mundo ideal en que quisiéramos hacerlo), una de las condiciones básicas del enamoramiento (siguiendo las conclusiones de Gilles Deleuze en su libro *Proust y los signos*): enamorarse es «reconocer a alguien por los signos que causa o emite. Es sensibilizarse frente a estos signos».

¿Admiración, sorpresa, interés, avaricia, sexo...?

¿Hay que elegir alguna de ellas, excluyendo el resto, para explicar la posible relación entre Hazán Bajá y Miguel de Cervantes? ¿Podemos añadir otras? ¿Por qué el amor y el sexo han de oponerse entre sí o ante la admiración mutua? ¿Por qué hemos de caer (en un claro ejemplo de homofobia) en que las prácticas sodomitas son siempre viciosas, que no puede haber amor en el sexo entre hombres, como se deja claro en tantas críticas del momento, que seguramente se escuchaban en los baños de Argel? Recordemos solo una, que tiene, ¡cómo no!, a un músico italiano como protagonista:

Si bien dicen que es valiente,
tiene de traidor el dar
a todos con los que riñe
las heridas por detrás;
pero las que hace en la esgrima
con maña y destreza igual,
aunque abajo las apunte,
siempre en el ojo las da.

Y de estos, mil ejemplos en los cancioneros de la época.

Todo muy sutil: atrás, en el ojo... traidor.

¿Por qué no pensar que pudo haber un enamoramiento entre Hazán Bajá y Miguel de Cervantes? Más allá del sexo. Más acá del sexo como un lenguaje de los enamorados. Un enamoramiento que viene de un territorio común: el amor por la literatura. El ingenio de Miguel de Cervantes por crearla. La pasión de Hazán Bajá por consumirla. Un enamoramiento entre el escritor y el lector, entre la obra literaria y su recepción. Así se lo ha imaginado el siempre genial Alejandro Amenábar en su película *El cautivo.* Y me parece una de las más ingeniosas, de las más cercanas al Cervantes-hombre de las que se han ido defendiendo en los últimos siglos.

La Pereza: ¿Hasta cuándo vamos a seguir hablando del fracaso matrimonial de Miguel de Cervantes y Catalina de Salazar?

Catalina de Salazar es una de las personas alrededor de Cervantes que han terminado por ser una sombra. Una sombra a la sombra de su marido. En su momento, fue convertida en sombra por los primeros biógrafos cervantinos al no tener más datos sobre ella que ser la viuda que trabajó para publicar el *Persiles*, la novela póstuma de Cervantes. Después, cuando se conocieron detalles de sus esponsales, de las deudas de su familia en Esquivias, molestaba como presencia porque se consideró que poco podía aportar una provinciana sin muchos estudios al genio creador que se estaba preparando para parir el *Quijote*. Así, de ser la musa que le había inspirado *La Galatea*, Catalina de Salazar se convierte en el modelo de la mujer perfecta según los manuales religiosos cristianos de todos los tiempos: la mujer callada, modosa, que tiene como única misión en el mundo hacer más agradable la vida de su marido. Y en los estudios sobre el «caso Cervantes homosexual» es una presencia equívoca y muy negativa: es la prueba de a todo lo que ha tenido que renunciar Cervantes por la presión social del momento, que obliga al sodomita a casarse para poder vivir en sociedad.

¡Pobre Catalina de Salazar!

Todos han contado su historia sin intentar escucharla, ponerse en su lugar, ver el mundo con sus ojos, con esa mirada de una mujer fuerte y vitalista, que encontró en Cervantes una salida, una vía de escape para una vida que habían ya escrito para ella.

¿Cómo hablar de Catalina de Salazar si no es con la mirada del poeta?

Así lo hice hace unos años en el monólogo teatral *Soy Catalina de Salazar, mujer de Miguel Cervantes*, publicado en la brillante colección Palabras Hilanderas de la editorial Huso, gracias a ese tándem genial que conforman Marifé Santiago Bolaños y Mayda Bustamante. Dos fuerzas de la naturaleza.

El matrimonio entre Miguel de Cervantes y Catalina de Salazar, entre un antiguo soldado, autor de comedias y aspirante a algún oficio en la corte de treinta y ocho años, y una joven casadera de diecinueve, siempre se ha contado desde la mirada de Cervantes, de los hombres que han tratado este tema. Pero ¿y si lo hacemos desde la mirada de Catalina de Salazar?

Catalina de Salazar cuando se realizan los esponsales en diciembre de 1585 en la iglesia de Santa María de Esquivias, cuenta con diecinueve años. No es ninguna jovencita casadera. Ni entonces ni tampoco en los pueblos manchegos de no hace tantos años. Catalina de Salazar con sus diecinueve años, sin pretendientes en la zona, con la muerte de un padre que les ha dejado más deudas que pena y un hermano que está estudiando para cura, tiene delante de sí el libro abierto de su vida: se ha quedado para vestir santos, para ser el ama del cura del pueblo, su hermano. Su vida se ha reducido a pasar el tiempo sin muchas enfermedades y menos preocupaciones. ¡Y entonces aparece Miguel en Esquivias! Un hombre que viene de fuera, que la pueda sacar de aquel guion que detesta y que le abruma. ¿Hubo amor a primera vista según como le gusta imaginar al cervantismo oficial, al más mítico y heroico? Pues no sé. ¿Hubo oportunidad de comenzar una nueva vida, el usar a ese viejo soldado para hacerlo posible? Pues tampoco lo sé, pero me parece muy posible.

Así, Catalina de Salazar no es la sombra sumisa femenina que pasa sin pena ni gloria por la vida de Cervantes, que es abandonada por su marido por el aburrimiento de su vida conyugal y social en Esquivias (o por su impotencia, como les gustaría defender a los freudianos). Catalina de Salazar es mucha Catalina.

En aquel librito del que antes te hablaba, me imaginé de este modo el primer encuentro entre Catalina de Salazar y Cervantes. Un encuentro en la casa del padre de Catalina porque cada día estoy más convencido de que la relación de Cervantes con Esquivias y con el Toboso tiene como denominador común el vino, ese vino de Esquivias que era considerado uno de los mejores del momento.

> Y entonces llegaste tú, Miguel.
>
> Otros tantos habían llegado antes que tú de la corte para negociar con los vinos de Esquivias. Pero tú no eras como los otros. Recuerdo que lo primero que escuché fueron tus pasos. Antes de verte, antes de cruzarme contigo en el pasillo, me enamoré de tus pasos. Nunca antes había escuchado algo similar. Eran pasos —¡qué tontería!, ¿qué otra cosa podían ser?—, pero eran algo más que pasos: en ellos se intuía la confianza de quien había vivido mucho pero también la esperanza de quien quería seguir viviendo mucho más. Eran pasos firmes, pero no soberbios. Pasos inquietos, que no nerviosos. Pasos prácticos, cortos, y, al mismo tiempo, pasos que te prometían largas travesías, viajes nunca imaginados. ¡Te haces cargo de la vida que le hubiera esperado en Esquivias a una joven que era capaz de pensar así al oír los pasos de un hombre entrando en su casa!
>
> Y luego sentí la necesidad de verte.
>
> Y luego te busqué, porque quería, necesitaba saber cómo era la cara de aquellos pasos, el cuerpo de aquellos pasos, la sonrisa de aquellos pasos, porque ya entonces sabía que esos pasos solo podían ser de una persona con la risa fácil y generosa.
>
> Y te encontré en el pasillo. Me hice la encontradiza en el pasillo y me topé contigo, como por casualidad, como que pasaba por allí en ese momento y nos tropezamos. Y me gustó lo que vi. (Pp. 36-37).

La poesía, la literatura nos permite llegar donde los documentos no han dejado huella. ¿Debemos limitarnos a conocer al Cervantes-hombre solo a partir de las huellas documentales que ha ido dejando a lo largo de su vida? ¿Llegaríamos a conocernos a nosotros mismos si utilizáramos este mismo método? Los documentos, por más que sean anclajes con la realidad de cada momento, solo pueden ofrecer de nosotros una imagen, una ficción, una mirada… el yo-personaje que hemos ido construyendo a lo largo del tiempo. Lejos quedamos nosotros como personas. Lejos queda el Cervantes-hombre si solo lo buscamos en los documentos: fotogramas parciales de la compleja película de una vida.

Y la Soberbia: Lo que esconde Lope de Vega tras los versos de cabo roto

Y, por último, llegamos al último de los pecados capitales, al único de los documentos, de las pruebas «irrefutables», que nos habla de posibles acusaciones de sodomía en contra de Cervantes. Sodomía y cornudo, no nos olvidemos. Y siempre en ese espacio de la especulación que son los versos de cabo roto.

Las acusaciones de sodomía ya aparecen en las cantigas de escarnio provenzales y en las cantigas de mal-dezir gallegoportuguesas desde la Edad Media. Son un lugar común también en la literatura erótica de los Siglos de Oro. Al bujarrón, como lo imaginaba Quevedo, uno de los mayores homófobos de aquellos años, era normal que también se le acusara de pederasta o de bestialismo:

Aquí yace Misser de la Florida,
y dicen que le hizo buen provecho
a Satanás su vida.
Ningún coño le vio jamás arrecho.
De Herodes fue enemigo, y de sus gentes,

no porque degolló los inocentes,
mas porque, siendo niños, y tan bellos,
los mandó degollar, y no jodellos,
pues tanto amó los niños, y de suerte
(inmenso bujarrón hasta la muerte)
que si él en Babilonia se hallara,
por los tres niños en el horno entrara.

¡Oh tú, cualquiera cosa que seas,
pues por su sepultura te paseas,
o niño o sabandija,
o perro o lagartija,
o mico o gallo o mulo,
o sierpe o animal que tengas cosa
que de mil leguas se parezca a culo:
guárdate del varón que aquí reposa,
que tras un rabo, bujarrón profundo,
si le dejan, vendrá del otro mundo!

Y esta acusación no era solo un insulto: la sodomía, el pecado nefando —el sexo anal se consideraba el más grave de todos los pecados sexuales contra natura, muy por encima de la masturbación o de la violación—, estaba penado a lo largo y ancho de los Siglos de Oro. Y penado con castigos físicos, como latigazos, apedreamiento o, incluso, muerte en la hoguera, así como la incautación de los bienes. Como en tantos casos en esta época, también el peso de la justicia caía de diferente manera según la clase social o la influencia de las personas que los cometieran. La justicia más que ciega se presenta bastante tuerta y propensa a beneficiar a los más poderosos, siempre a cambio de una compensación económica.

¿Y Lope de Vega saca a relucir estos insultos de cornudo y de sodomita contra Cervantes —y también contra el propio libro del *Quijote*— porque eran la comidilla de los mentideros de la época —los programas de corazón en algunas de las esquinas privilegiadas— o porque eran un lugar común de oprobio y de maledicencia?

Hasta aquí podemos leer.

Hasta aquí podemos saber de lo que realmente esconde este soneto lopesco, quizá la punta del iceberg de otros tantos que corrieron por Madrid, Valladolid y Toledo por estos años.

CERVANTES Y EL SEXO

X. UN *LATIN LOVER* LLAMADO CERVANTES

Sexo en los Siglos de Oro: no es oro todo lo que reluce

El sexo forma parte de nuestra cotidianidad, de nuestra esfera más personal: la más natural. Lo que nos diferencia de Cervantes, de los hombres y mujeres de hace cuatro siglos, de los hombres y mujeres que leyeron las obras de Cervantes y le conocieron personalmente, es el encaje social y religioso de la sexualidad. Bien diferente en los Siglos de Oro de nuestros parámetros actuales, igual que bien diferente lo son nuestros propios parámetros según la particular relación que cada uno de nosotros, hombres y mujeres, tengamos con la religión católica —o las religiones del libro en general, que establecen unas normas sociales muy claras y estrictas que luego no impiden que se olviden en la oscuridad de las sacristías o en la intimidad de los colegios religiosos, conventos y monasterios.

Los testimonios (desde la Edad Media) de la presencia continua de las relaciones sexuales en espacios religiosos cristianos donde se ha hecho voto de castidad constituyen para mí la prueba definitiva de que el sexo forma parte de nuestra naturaleza, de nuestro ser más íntimo. Y querer limitarlo, dominarlo o domarlo es querer poner puertas al campo. Ayer y hoy.

Por eso es tan difícil comprender y hablar de las relaciones sexuales en esta época. Por eso se han escrito —y repetido— tantos lugares comunes sobre el tema. Compartimos la misma pasión, el mismo deseo de placer, las mismas búsquedas y muchos de los peligros y de las prohibiciones (que, en ocasiones, hace más placentero el sexo que su propia satisfacción física).

Pero estamos muy lejos de llegar a comprender en toda su dimensión esa relación social del sexo durante los siglos XVI y XVII, de su cotidianidad, de la consideración realmente en el día a día.

Intentar acceder a esta realidad a partir de los tratados de los moralistas, eclesiásticos o de las leyes que se han ido sucediendo a lo largo del tiempo, de unas normas donde queda claro lo que es el «orden natural» y lo que es la «práctica disidente», es como querer conocer la complejidad de un barrio a partir del estudio de un listín telefónico. Ahí están los datos, ahí está parte de la información (por ejemplo, las leyes continuas en el tiempo contra la sodomía muestran su pervivencia), pero estamos muy lejos de acercarnos a la vida.

¿Y la literatura puede venir en nuestra ayuda en este complicado camino? No olvidemos la distinción que hace Cervantes entre escribir como poeta o como historiador, que se ha vuelto un leitmotiv a lo largo de nuestro viaje: «La historia cuenta lo que sucedió y la poesía lo que debió suceder».

La literatura, como hemos podido comprobar en varias ocasiones durante nuestra travesía, siempre es un relato, una ficción, una mirada: nunca un documento histórico y, mucho menos, una confesión o una información autobiográfica, por más que el escritor —ayer y hoy— viva en su escritura y en la escritura pueda sentirse más vivo que cuando está alejado de su realidad de papel. «Escribir es vivir», repetía el tan recordado José Luis Sampedro. ¡Y qué razón tenía!

La sexualidad en los Siglos de Oro, las relaciones sexuales son mucho más habituales y variadas de lo que los libros dogmáticos nos dejan entrever, donde el «orden natural» de la honra y de la cópula con fines procreadores es solo un ideal, muy alejado de las posibilidades del día a día, de una sociedad donde la sexualidad está mucho más presente que en la actualidad.

Y lo que tampoco podemos olvidar es que desde el poder —ya sea eclesiástico o laico o una connivencia entre ambos— se habla de «orden natural» desde una sola perspectiva: el acto sexual tiene la única finalidad de la procreación, lo que permite convertir el orden natural sexual en un sistema de control social. Todo lo que se salga de ese orden natural es pecado o delito. Y según la gradación, la reiteración o la riqueza o la influencia de las personas implicadas, tendrá un castigo o tendrá otro.

En esta sociedad donde se están poniendo las bases del capitalismo, que ha terminado por globalizarse en nuestro tiempo, todo puede comprarse: hasta el perdón de cualquier pecado.

Veamos un ejemplo, que me estoy poniendo muy teórico.

El Consejo de Cruzada se financia por tres grandes impuestos que son las aportaciones de la Iglesia católica a la Hacienda pública, que se conocen como «las tres gracias»: la bula de la Santa Cruzada, el subsidio y el excusado. Pero, además, consigue algunos ducados gracias a «perdones o permisos», que se contabilizan todos ellos en los «Libros de ingresos menores», como, por ejemplo, las licencias por las que se compra el derecho para oír misa antes de la hora canónica.

Pero ¿has oído, hablar de las dispensaciones por haber mantenido «cópula y acceso carnal» con parientes cercanos de la mujer —o del marido— antes del matrimonio (e incluso durante el mismo)? Has oído bien: una licencia que cuesta entre cuatro o cinco ducados por la que se «perdona jurídicamente» a quien haya follado con miembros de la familia antes (y durante) el matrimonio:

> Cárgense cargo a San Juan de Izaguirre Receptor de composiciones de esta Corte de cuatro ducados que recibió de una dispensación que se dio a cierta persona que antes que se casase *tuvo cópula*

y acceso carnal con una prima hermana de su mujer, y dio carta de pago en Madrid, a tres de septiembre de mil y quinientos y setenta y cuatro.

¿Y con quién es más habitual que los futuros maridos hayan tenido «cópula y acceso carnal»? Las hermanas y las primas hermanas de la futura mujer, aunque no son escasas las peticiones de disposiciones en que están involucradas las futuras suegras. En el conjunto, hay pocos casos de peticiones de las casadas que han mantenido relaciones sexuales con sus cuñados, pero haberlas haylas.

Este tipo de documentos —las peticiones en su gran mayoría son anónimas— nos devuelve una radiografía donde el sexo está mucho más presente en los núcleos familiares de lo que podemos saber a partir de las leyes, las normas, los tratados o la literatura.

¿Dónde queda ese concepto de la «honra» que hemos convertido en eje central de nuestra forma de acercarnos al tema, que no deja de ser una construcción ideológica del poder? ¿Dónde está el «orden natural» de unos modelos de relaciones sexuales diseñados por una Iglesia católica más empeñada en el control de la sociedad que en la salvación de las almas? Los moralistas llevan un siglo desgañitándose en el púlpito y en sus escritos en contra de una realidad sexual que sigue su camino más allá del reflejo en los espacios oficiales y autorizados, que son los que han pervivido mejor en el tiempo.

Solo hay que pensar en la realidad de la diversidad de relaciones amorosas, sexuales y sociales que se dan cita en la casa donde los Cervantes y las Cervantas han alquilado un piso a las afueras de Valladolid. Una casa de mujeres, donde las viudas y las solteras comparten un espacio de afecto y de sexo que es muy similar al que reflejan las licencias menores del Consejo de Cruzada.

¿Y qué decir de las cartas de perdón de cuernos? Son habituales y en ellas el marido termina por perdonar a su mujer por el adulterio cometido, y se compromete a no tomar venganza sobre ella ni sobre el amante cuando vuelva a casa. ¿Las causas de este perdón? En muchos casos, la compensación económica por parte del amante, que hace que los cuernos con un poco de dinero se digieran mejor. Y, en otros casos, la necesidad del marido de perdonar a la mujer para seguir disfrutando de su dote.

Una vez más: el dinero lo cura, lo soluciona todo... o casi todo.

En resumidas cuentas, lector amigo, al hablar de la sexualidad de Cervantes hemos de efectuar una doble tarea: por un lado, dejar a un lado esa construcción de la «honra» como un eje central de las relaciones sexuales de la época —la honra es una construcción que se apoya en la idea de pecado, con lo que la Iglesia católica expande sus tentáculos de poder en todos los ámbitos de la sociedad—; y por otro lado liberarnos de nuestras propias construcciones actuales en las que nos creemos los más modernos y los más avanzados, y seguramente, en un viaje en el tiempo a los Siglos de Oro, nos quedaríamos asombrados de cómo la sexualidad está muy presente, y con muchas más posibilidades de prácticas de lo que podemos imaginar.

Solo situando a Cervantes en la compleja realidad de la sexualidad de su tiempo, podremos acercarnos al Cervantes-hombre, a su propia sexualidad, llena también de matices y de complejidades.

¿O hemos de pensar que en este aspecto Cervantes, el autor del *Quijote*, se comporta de manera diferente a un hombre de su tiempo?

Perdona, bonita, pero Cervantes me quería a mí: «Con la Iglesia hemos dado»

¿Te imaginas si la Inquisición hubiera tenido un modelo para la acusación contra sodomitas en el siglo XVI? ¿Cuáles serían las preguntas que tendría que responder un acusado ante el tribunal, cómo hablar de estos delitos, cómo expresar en palabras el «acto nefando»? Pues no tienes que imaginar mucho: gracias al magnífico trabajo realizado por Rafael Carrasco en su *Contra la estirpe de Sodoma*, un libro que te recomiendo con la efusividad de la teletienda, ahora podemos leer uno de estos modelos, que se le ofrecen al promotor fiscal del Santo Oficio para acusar criminalmente a una persona por «haber cometido el delito y pecado nefando de sodomía contra natura con ciertos muchachos, conforme estuviese testificado».

Y en las preguntas que deben formar parte del interrogatorio, tras la identificación, comienzan los detalles de los actos sodomitas. Y me interesa, atento lector, que leas el detalle de la descripción de la sodomía en palabras de la Santa Inquisición. Parece que los padres inquisidores sabían muy bien de lo que estaban hablando:

> Ítem digo que, teniendo el reo al dicho muchacho desatacado por el dicho tiempo y en tal parte, y teniéndole de tal manera (declarando cómo estaban el reo y el cómplice), y poniendo su miembro genital armado en el sieso y vaso trasero del dicho muchacho, hacía e hizo fuerza para meterle dentro, como en efecto el dicho reo metió su miembro genital dentro del dicho trasero del dicho muchacho y consumó el dicho acto de sodomía.

En el caso de que se haya repetido el acto, interesa saber la frecuencia y el tiempo en que se prolongó esta relación, así como si se intercambiaban los roles de «agente» y de «paciente», y los lugares en que lo habían realizado.

Parece que los padres inquisidores quieren detalles de este tipo de relaciones, lo que me hace recordar esa insistencia en los pormenores que nos exigían en el confesionario de nuestra infancia cuando confesábamos nuestros pecados, especialmente aquello de los «deseos impuros» y los «tocamientos». ¡Cómo me sentí reflejado en ese «Fes un promig, fes un promig» que cantó Lluís Llach en su *Verges 50*, recuperando recuerdos de infancia!

Gracias a las declaraciones en estos juicios, tenemos detalles reales de los diferentes espacios, tiempos y oportunidades para mantener relaciones sodomitas durante los Siglos de Oro, sobre todo en el ámbito de la ciudad y entre hombres de clase social baja: esclavos, mozos, aprendices... y religiosos, que son los que se pasearán por estos tribunales en el caso de la Corona de Aragón (en la Corona de Castilla, los delitos de sodomía los llevaban los tribunales ordinarios).

Quedémonos con un ejemplo de estas confesiones inquisitoriales estudiadas por Rafael Carrasco: la del esclavo Bartolomé Juárez en mayo de 1573, de unos veinticinco años. En esta ocasión, este hombre, vecino de Valencia, quiere «decir la verdad» porque prefiere morir confesando su pecado que seguir viviendo con él. Y así en su larga confesión de dos días llegará a concretar hasta diecisiete encuentros sodomitas. Como es habitual en el imaginario de la época, que entiende la sodomía como una desviación (y por tanto un pecado) del orden natural impuesto por Dios, tendremos que el sodomita también practica el sexo con animales (en este caso, con una mula y con dos perras), y también con niños.

Sus primeras experiencias sodomitas fueron más bien violaciones o por necesidad, como veremos a continuación.

Siendo un joven de unos catorce años, después de un intento de fuga de su amo, el guardián del monasterio de San Francisco, le metió en la cocina para que sirviese y ayudase al fraile cocinero. Lo que él no sabía era el tipo de ayuda que iba a tener que darle: «El cual por engaño metió a este en la despensa que está junto al fregador y tuvo que yacer con este y cometió el pecado contra natura una vez».

En otra ocasión, huyendo de nuevo de su amo, se encontró con un mozo, cuyo amo era hortelano, que le ofreció de comer «si hiciese con él lo que hace un hombre con una mujer». Y el hambre aprieta y terminaron los dos bajo una higuera: primero el mozo «ejecutó con este el dicho delito y después este le efectuó con él, y estuvieron juntos aquella noche».

Pero la mayoría de sus relaciones sodomitas serán con mozos de su misma edad, con los que coincide en la casa de sus amos, o que vienen a visitarlos. «Algunas veces este era paciente y otras agente» será una de las expresiones más habituales, pero no siempre: con un mozo de Barcelona, de unos doce años, siempre tuvo un rol activo. Estuvieron juntos tres días y lo hacían de día en la botica, hasta que fueron descubiertos, por lo que su amo lo vendió en cuanto tuvo ocasión.

Como un nuevo Lazarillo de Tormes, con cada amo le suceden a Bartolomé diversas aventuras. Con apenas dieciséis años, entra a servir en la casa del cura Francisco de Villacorta en Bonilla. Y allí no pierde el tiempo: además de disfrutar de la mula unas cuatro veces, lo hará con el hijo del cura, Alonso de Villacorta, que vive en la casa como paje, con quien mantuvo relaciones durante un mes, y también con Francisco, cardador, de unos diecinueve años, «bajo de cuerpo y pecoso de cara», con el que compartían cama: «Cometió algunas veces, que serían dos o tres veces en diversos días, el pecado de sodomía siendo este paciente y no sabe si el dicho Alonso de Villacorta lo entendió porque estaba en la dicha cama»; y con Joan, un criado del clérigo que tañía las campanas, «mozo espigado, delgado de cuerpo y de piernas, que le apuntaba la barba». La única vez en que Bartolomé solo será paciente. Y la primera vez le dijo que «deseara más de 100 ducados que este fuera su mujer». Luego ya no le decía nada de los cien ducados, «sino que se pusiera como mujer».

Y en la cama también tuvo relaciones con el esclavo Luis, un moro de Granada de unos doce años. Una relación consentida «aunque parecía que se hacía el dormido». Cuando Bartolomé lo intentó de nuevo otra noche, ya no lo consiguió. Luis prefería hacerlo con otro joven de doce años que venía a la casa a pedir por amor de Dios.

La noche es un lugar propicio para guardar el secreto, pero también lo hará los días de fiesta, cuando la casa rompe sus rutinas: así le sucedió con Joan Agudo, que aprovechaban cualquier espacio en la casa: «Unas veces en alcabor del horno y otras veces bajo en el pastador».

Y, en otras ocasiones, es un aquí te pillo y aquí te mato. Como le sucedió con Joan Cuervo de unos veinte años, «flaco de cara y pocas barbas», que vino a cocer pan a la casa de su amo, y terminan haciéndolo encima de un saco.

Y si el bestialismo y la pederastia no podían quedar fuera de estos relatos sodomitas, tampoco la aparición de los curas. Con la Iglesia hemos dado, amigo lector.

Un joven Bartolomé Juárez, de unos dieciocho años, estando fugitivo en Alcalá de Henares, durmiendo en la plaza del Mercado —la que hoy es la plaza de Cervantes—, se le acerca un cura, «bajo, redondo de cara, moreno», de unos treinta años, que se apiada de él y se lo lleva a casa. Allí consuman en tres ocasiones el pecado contra natura con la promesa de que le pagaría. A la mañana, Bartolomé recibe la mísera cantidad de ocho maravedís, por lo que, antes de irse, decide cobrarse por su cuenta un manteo de raja, que vendió en un pueblo cercano.

También confiesa Bartolomé la riña que escuchó en su casa entre dos mozos que trabajaban para el sastre San Martín. Uno de ellos le acusaba al otro de ser bujarrón y de que había tenido relaciones con mosén Gil, escolano de San Nicolás, que le había pagado con tres sueldos.

¡Qué casualidad que en todas las casas en las que sirvió Bartolomé Juárez en estos años se sucedieron los encuentros sodomitas entre los sirvientes o con los mozos que acuden a cumplir algunos recados con toda naturalidad! ¿No será que las experiencias sexuales —del tipo que sean— eran pan de cada día, y que al basarnos solo en testimonios de delitos (documentos jurídicos), o en textos moralistas o en textos literarios (idealización de unos modelos de conducta) estamos distorsionando la capacidad de entender la realidad sexual de aquella época?

En un momento dado, con buen criterio, se pregunta Rafael Carrasco: ¿hasta qué punto no estamos dejando a un lado el deseo, la pasión, el amor entre hombres y entre mujeres en los Siglos de Oro? Estas declaraciones ante la Inquisición —por su propia naturaleza— hablan de encuentros esporádicos, de actos sexuales que son pecado y un delito, por lo que solo hay «deseos demoniacos»: imposible encontrar en esta depravación nada hermoso ni luminoso. Estas declaraciones nos hablan de cotidianidad, pero no de los sentimientos que hay detrás de muchos de estos —y de otros tantos— encuentros.

Valgan estos ejemplos para entender que estamos ante una realidad compleja, diversa, llena de matices y de transformaciones en la que tenemos que insertar a Cervantes si le queremos comprender como hombre. Una realidad que nos habla también de una comunidad en continuo peligro de ser descubierta que va creando sus códigos particulares, su particular lenguaje.

Manuel Román confesó a la Inquisición que los hombres le solicitaban relaciones sexuales con un gesto en la palma de la mano:

> Nicolá le cogió la mano y con el dedo de en medio le rascó la palma de la mano y el declarante hizo lo propio con él, rascándole también la palma de la mano a dicho Nicolá, porque ya entendía lo que quería decir.

Y bien que entendían los dos… como nos ha pasado a muchos en nuestra juventud franquista y posfranquista cuando teníamos que utilizar el mismo código para establecer un primer acercamiento sexual.

Como también entendían cuáles eran los locales donde poder mantener encuentros homoeróticos en la clandestinidad. ¿Hemos de pensar que las salas de juego, también perseguidas en la época, eran locales gais? ¿O más bien debemos pensar que ambos comparten un espacio marginal en la sociedad del momento, y de ahí su conexión, su relación?

Debemos emprender un viaje distinto al realizado hasta ahora si queremos afrontar con éxito el intento de comprender la sexualidad cervantina: no buscar en su obra literaria —que se escribe en unos códigos bien diferentes a los actuales— indicios de sus ideas o prácticas sexuales, sino insertar tanto al hombre como sus textos literarios en su contexto de vida y de difusión.

Solo así podremos comenzar a hablarle cara a cara a Cervantes, disfrutar de él tomándonos un vaso de vino de Esquivias en algunas de las tabernas de la época, tanto en Madrid como en Sevilla, o en algunas de las ventas manchegas y andaluzas que él tan bien conocía.

¿O quizá frecuentando con él la casa de juegos de Francisco de Robles, el librero madrileño tan vinculado a su vida, pues no solo publicó la mayoría de sus obras, sino que le dio un empleo en su librería como editor?

Has oído bien: casa de juegos. Aquí hay un buen melón que hay que abrir en algún momento, y que ha quedado también marginado en las biografías oficiales: ¿un Cervantes-mito en una sala de juegos, antros de perdición, ayer y hoy, según la mirada interesada del poder?

¡Una sala de juegos regentada, ¡ni más ni menos!, que por el librero del rey Francisco de Robles!

Aquí hay tela que cortar, sin duda.

Un caballero andante divergente, el sodomita Paramón

¿Cómo escribir sobre lo que no se puede hablar, de lo que es considerado, según los parámetros ideológicos de la época, un pecado o un delito que atenta contra la honra?

¿Acaso podemos seguir leyendo la literatura áurea como el espacio propicio para superar un trauma o para dejar indicios —como miguitas de pan— para que pueda ser descubierto algún «secreto» de su autor con el paso de los siglos?

Una cosa es escribir como poeta y otra como historiador. Y los poetas escribimos siempre —al margen del tiempo y la geografía concreta en que vivimos y creamos— en diálogo permanente con nuestra tradición literaria, con nuestros lectores. ¿Escribir para la posteridad, para la fama después de la muerte? Puede ser —como así lo hizo Cervantes en los últimos años de su vida—, pero siempre en diálogo con tu tiempo y con tus costumbres, que uno piensa que serán eternos a pesar de su naturaleza efímera. Por más que miremos al futuro, somos presente anclados en la memoria del pasado, en la memoria vivida, en la memoria leída o escuchada. Por eso Cervantes cifró su fama eterna en el *Persiles* y por eso el *Persiles* fue la obra de Cervantes que tuvo más éxito en su momento. Pero ¿cómo iba a imaginar Cervantes junto con sus lectores que el *Quijote* terminaría por alzarse con el cetro de la monarquía literaria de la novela, convirtiéndose en una de las obras más influyentes en nuestro mundo occidental?

¿Acaso la escasa aparición de la sodomía en la literatura oficial —la que pasa la censura de los libros impresos y de los corrales de comedias— nos obliga a buscar indicios de su presencia en los márgenes? ¿O es necesario buscarlo en otros ámbitos, en esa otra literatura no oficial que circulaba en la época y de la que tan pocos ejemplos han llegado hasta nosotros?

Veamos un caso, la única documentación de la presencia de un personaje sodomita en los libros de caballerías, esos que Cervantes leyó, decenas y decenas de libros de caballerías. Nadie hoy en día —a excepción de muy pocas personas, como podrían ser M.ª Carmen Marín Pina, Axáyacatl Campos o José Julio Martín Romero— podrían poner en su currículum un mérito similar.

En los más de ochenta libros de caballerías que se escribieron desde finales del siglo XV hasta bien entrado el XVII, solo hay una referencia directa a la sodomía. Y bien que lo sabe mi querido amigo, Rafael M. Mérida, que ha dedicado buena parte de su vida a desentrañar este tema y mostrar la pervivencia de las sexualidades disidentes en suelo hispánico.

En 1516, el bachiller Fernando Bernal publica en las prensas valencianas de Diego de Gumiel su *Libro de Floriseo, que por otro nombre es llamado el Caballero del Desierto, el cual por su grande esfuerzo y mucho saber alcanzó a ser Rey de Bohemia*. Y me gusta poner el título completo, para que se vea cómo se las gastaban los editores de aquel tiempo.

¿Un libro de caballerías más? Para muchos lectores, sí (tanto en aquella época que se contaban por miles como para los actuales que se cuentan con los dedos de una mano). Pero el *Floriseo* es especial gracias al personaje Paramón, el único personaje sodomita en toda la literatura caballeresca.

Floriseo, con sus amigos caballerescos, llegan a un puente y comienza la aventura: antes de cruzarlo les indican la costumbre del señor de aquellas tierras: «Su voluntad es que toda mujer de diez años arriba que viéredes matéis en toda esta tierra».

¿Un feminicidio social?

¿Habías oído algo semejante?

Ni nosotros ni los lectores del siglo XVI, ni tampoco Floriseo, que se dispone a luchar contra ella porque es una ley «contra natura». Pero antes quiere saber los detalles del caso, que tiene su salseo. El caballero Proteo le resume así la historia de su señor, el caballero Paramón:

> Este hombre es muy valiente en el cuerpo y bien esforzado, y fue casado con una honrada dueña que llaman Tedolana, la cual era hermosa y muy discreta mujer. Y como esta sintiese que este hombre pecaba contra el uso natural con hombres, aborreciole en gran manera. Y del aborrecimiento incurrió en adulterar con un su criado, hermano de su marido. Y como ambos hubiesen errado y viniesen en enemistad, descubriéronse como dicen los hurtos y así fueron públicos sus vicios de estos.

Y así, descubierto el adulterio de su mujer con su hermano —un doble ataque a su honra—, Paramón decide vengarse imponiendo este asesinato femenino colectivo, por lo que su tierra se encuentra cada día más despoblada.

Pero Floriseo quiere tener certezas sobre la conducta sodomita de Paramón: una cosa es querer vengarse de un adulterio —lo que entra dentro de la legalidad—, aunque sea con una fórmula tan cruel, y ¡otra ser maricón!

> —Veamos —dijo Floriseo—, ¿este su mal vicio de contra natura está averiguado?
>
> —Está, señor, muy claro —dijo Proteo—, porque él tiene para ejercitarlo ciertos mancebos. E dice que defenderá no ser pecado.

—¿Sabéis en esta tierra qué sea pecado? —dijo Floriseo.

—Sí sabemos —dijo Proteo— que hay Dios a quien lo mal parece mal y lo bueno bien, y sabemos que hundió ciertas ciudades por este vicio, lo cual nos han dicho algunos amigos de Dios que por aquí pasaron.

—¡Oh, Santa María! —dijo Floriseo—, qué buen acaecimiento es el nuestro en haber venido a esta parte donde, si su Hijo nos ayuda, haremos mucho por su servicio.

Y así será. La aventura sigue el guion de este tipo de relatos: Floriseo luchará contra Paramón, que se defiende con mucha destreza y valentía, y terminará venciéndolo para restituir el orden cristiano, el modelo ideal de sociedad. Floriseo, sorprendido por la fuerza de Paramón, que no la esperaría después de conocer su sexualidad disidente, le da la oportunidad de volver a la «normalidad» si decide tanto renegar de su religión y hacerse cristiano como renunciar a sus «abominables vicios» y reconocer que ha pecado en todos estos años.

¡Por fin, todo está preparado para el triunfo de la normalidad heteropatriarcal!

Lo que no se esperaba Floriseo ni los lectores de la época, ni tú tampoco, es la respuesta de Paramón: ama a los hombres y goza con ellos sexualmente. Esta es su voluntad, ya sea buena o mala, es la suya, y no va a renunciar a ella por salvar la vida, no va a mentirle porque nunca podrá dejar de ser sodomita, por más que lo prometa: «Dígolo porque yo no podría dejar de errar, y como siempre me haya preciado de decir verdad, no te quiero mentir. No dejes, señor, de ejecutar en mí tu voluntad, porque, aunque sea quitarme la vida, yo holgaré por no vivir».

Antes muerta que sencilla.

Antes muerto que dejar de «usar carnalmente con algunos hombres».

Eso sí, muerto con todos los honores de caballero y no con las deshonras del sodomita, que debería morir en la hoguera.

Y así se imprimió en 1516. Y así pudo leerse a partir de este momento.

Pero solo unas líneas y un personaje en la intrincada genealogía de los caballeros andantes castellanos y de los miles y miles de páginas que se escribieron, imprimieron, se aprendieron de memoria y se difundieron a lo largo y ancho de los Siglos de Oro.

Así también se escribe la historia.

Así también se escribe la literatura: con un sodomita caballeresco que mantiene su honra sin renunciar a su pasión por los hombres, que va más allá de un acto particular. Eso sí: una realidad sodomita de un caballero musulmán. Y eso ya sabemos que es otra cosa, siempre es otra cosa para un lector del siglo XVI.

«Pollas en el culo»: la *Cazzaria* emparedada en Barcarrota

En los libros de caballerías, como en otros géneros narrativos de la época sin olvidar las tablas de los corrales de comedias, vamos a encontrar a hombres que se disfrazan de mujeres o a mujeres que lo hacen de hombres creando escenas de equívocos sexuales muy aplaudidos por espectadores o alabados por lectores. Un ejemplo caballeresco, por no movernos de este género tan querido por Cervantes: el caballero solitario Contumeliano en el *Belianís de Grecia*, obra publicada en 1547.

¡Fíjate la mala suerte de este caballero andante, que puedes leer en uno de los libros más admirados por el propio Cervantes (bueno, al menos, de los más leídos por el hidalgo Alonso Quijano)!

Así se presenta ante una doncella al inicio de la obra:

> Mi nombre es Contumeliano de Fenicia, hijo heredero del rey de aquella tierra, que por otro nombre el Caballero Solitario soy llamado, porque no hay cosa más conforme a mi voluntad que buscar las aventuras por la soledad, huyendo de lo poblado, pensando que el dios de Amor sobre mí en esta manera no tuviere poder.

Caballero que busca la soledad para no caer en las trampas del amor.

¿No te recuerda este personaje a la Marcela cervantina, y al inicio de su discurso triunfante —para mí un aria de *prima donna*—: «Yo nací libre y para vivir libre elegí la soledad de los campos»?

Bueno, pues el amor termina por hacer de las suyas con Contumeliano, a pesar de todos sus esfuerzos.

Belianís de Grecia, que está preso en un castillo cercano a la soledad campestre de Contumeliano, se disfraza de mujer para poder salir de su prisión y salvar así a su dama en un duelo. Y nada más salir, se cruza con Contumeliano que al verla (o al verlo) no puede dejar de sentir el amor que estaba evitando en todos estos años:

> —¿Qué habéis habido, hermosa señora, que en tal lugar tan mal os sucedió? Que yo vos juro, por la orden de caballerías que recibí, que, a todo mi poder, aunque la muerte de ello me sobrevenga, de procurar vuestro remedio, y no me lo dejéis de decir, que vos hago saber que mucho más estimaré que recibáis de mí servicio que ser señor del imperio de Constantinopla, pues por vuestra hermosura a todo el mundo obligáis a serviros, no quedando más gloria que alcanzar que morir o vivir por vuestra voluntad.

¿No te parece mala suerte? Para una vez que se enamora el caballero Contumeliano ¡lo hará de un hombre disfrazado de mujer!

Por estas grietas de tramas novelescas donde el travestismo ocupa un papel protagonista, en los personajes de los figurones y de los «lindos» en las tablas de los corrales de comedias, o en los «entremeses de mariones», o de maricones, como ha estudiado Ramón Martínez, aparecerán escenas equívocas donde el sexo, el deseo y el amor sodomita harán acto de presencia.

Pero estos son los espacios privilegiados del poder: los textos que llegan a la imprenta o los que se representan en los corrales de comedias, que han pasado todos ellos la censura.

Pero ¿estas son todas las alusiones y estos los textos sodomitas que podrían leerse y disfrutarse en la época?

Pues claro que no.

En agosto de 1992, en unas obras en una casa en la localidad extremeña de Barcarrota, se descubre un tesoro. Y no será un tesoro de monedas, como las que muchos moriscos de la zona enterraron antes de partir al destierro, sino de libros: ¡una biblioteca emparedada en el siglo XVI! Diez libros impresos y un manuscrito que se habían conservado como si fueran una cápsula del tiempo.

El descubrimiento se dio a conocer tres años después, pues era portentoso: entre los diez volúmenes había, en concreto, un ejemplar del *Lazarillo de Tormes* impreso en 1554 en Medina del Campo, del que no teníamos noticia hasta este momento.

Una biblioteca de un heterodoxo.

Diez libros impresos y un manuscrito. Y este manuscrito lleva por título *Dialogo intitolato la Cazzaria del Arsiccio Intronato*, un particular diálogo en italiano que tenía una cierta fama y difusión por Italia (compuesto entre 1525 y 1526, llegándose a imprimir alrededor de 1531). Un diálogo, parodia de los sesudos diálogos humanistas, donde el autor Arsiccio conversa con el joven Sodo (que remite directamente a «sodomita») sobre los placeres que ofrece un buen culo y una buena polla. Un texto homoerótico de una procacidad que nada tiene que ver con nada de lo que hemos leído o escrito hasta el momento.

Ahora todo se puede contar...

Ahora todo se tiene que contar.

Como alabar la dulzura de sentir una polla dentro de un culo joven, suave y blanco. Y no lo digo yo, sino Arsiccio en el siglo XVI:

> ¡Alabado sea Dios si tú confesaras que es verdad todo lo que te he explicado! En fin, todo te lo perdono, pues el culo es algo dulce y perfecto, mi querido Sodo, y de una rotundidad y de una capacidad semejante al cielo [...]. No creo que en el paraíso sea tan dulce el

néctar o la ambrosía, como es aquella dulzura que se siente con la polla en un blando, blanco y juvenil culo.

Este particular diálogo que emanaba del ingenio de las academias italianas no dejó de disfrutarse —siempre a escondidas, siempre en clandestinidad—. ¿Qué hacer con los textos heterodoxos que no podían pasar la censura de la imprenta? Copias manuscritas. Un mercado de copias manuscritas de las que solo hemos conservado una mínima muestra, sombras de una industria floreciente en los Siglos de Oro. Eso en España, porque en Italia es otra la historia y la censura.

Un espacio de libertad.

Y en Italia, en este lugar para los sodomitas, según el imaginario de la época, se imprimió un folleto de cuatro folios con el título de *La Cazzaria*, escrita en octavas reales (estrofa de ocho versos endecasílabos —11 sílabas—, con rima consonante), que es la habitual de la épica culta caballeresca. Así se escribieron obras como el *Orlando furioso* de Ariosto o la *Jerusalén liberada* de Torquato Tasso.

Y así, con esta métrica culta y caballeresca, se escribió esta obra homoerótica, en que cada verso se alterna *cazzo* (polla) con culo, en un juego de ingenio que sorprende tanto por su métrica como por su contenido.

Para tu deleite (o para tu sorpresa), te dejo ahora con la primera y la última de estas octavas reales homoeróticas, la punta del iceberg de una literatura sodomita que nos permite vislumbrar el contexto real donde se desarrollaba la sexualidad —del tipo que sea— en los tiempos del Cervantes-hombre:

Vosotros que delante de la polla y detrás del culo,
abrís en dos el culo, y hacéis uso de la polla,
y ahora vais con la polla, ahora con el culo

de culo en culo, y de una a otra polla:
desenváinate la polla y ábrete del todo el culo,
y por la gloria del culo, el honor de la polla,
quédate con la polla en la mano, el dedo en el culo,
que yo estoy para haceros sentir la polla en el culo. [...]

Aquí, que se pone fin a la polla en el culo,
levantad cada uno el culo celebrando la polla,
triunfe la polla y haga fiesta el culo
cada honor en el culo sublime la polla:
bendita sea la polla, y Gloria al culo,
para quien goza del culo, que se use la polla,
y si alguno no ama a la polla, y desprecia al culo,
digan conmigo a gritos: ¡Pollas en el culo!

Forsi altro canterà con miglior plectio, como escribió Cervantes al final del *Quijote*, siguiendo a su admirado Ariosto.

Pero, sin duda, no con tanta claridad y procacidad.

Estos son los textos literarios que deberemos desentrañar si queremos conocer verdaderamente la sexualidad de Cervantes, situar al Cervantes-hombre en su tiempo.

¿O, acaso, no te imaginas a un Cervantes, que era capaz de leer hasta los papeles sueltos que se encuentra en la calle, teniendo una copia manuscrita de la *Cazzaria* entre las manos?

Hoy en *Corazón, corazón* hablaremos de las amantes de Cervantes

Todos sabemos lo que es un *latin lover*, el amante latino muy fogoso y atractivo. Y si nos pidieran en una hipotética entrevista en la calle, de la que son tan amigos los programas del corazón, que imagináramos el prototipo de *latin lover* español, seguro que un gran porcentaje le pondríamos la cara de Julio Iglesias... ¡y tú lo sabes!

Pero si hiciéramos caso a algunas biografías cervantinas, o algunos estudios parciales de la vida de Cervantes, tendríamos que a Julio Iglesias le habría salido un buen competidor. ¿A la altura de Lope de Vega? No. Eso no. Nadie está a la altura de Lope de Vega en cuanto al sexo y al amor.

Y eso que hay autores que como Agustín G. de Amezúa para alejar a Cervantes de todo contacto con el sexo le describe en 1956 como estas palabras: «Tenía un temperamento frígido, nada sensual, ni libidinoso, y que, sin entrar en absoluto en la agenesia, le hacía poco apto o predispuesto para sentir y especular sobre las cosas del amor».

Pero volvamos ahora al Cervantes-hombre, que resulta mucho más interesante.

Al margen de las amantes y conquistas que tendría en la corte en sus años de juventud de las que nada sabemos, Italia será el primer espacio propicio para el amor y el sexo para Cervantes. Esa Italia que no olvides es tierra de sodomitas según el imaginario de la época.

¿Cuántas amantes tuvo Cervantes en Italia, que recorrió con los tercios y de la que supo apreciar tanto sus monumentos como sus vinos, de los que hace alarde de conocimiento en varias de sus obras?

Algunas (o muchas) tuvo que haber, y para prueba un botón: ¿qué sucede con el hijo napolitano de Miguel de Cervantes? Sí, has leído bien: a Miguel de Cervantes le salió un hijo en el siglo XX. ¡Y cómo no, a partir de una cita de una de sus obras, en concreto los siguientes versos del *Viaje del Parnaso*!:

Llegose en esto a mí disimulado
un mi amigo, llamado Promontorio,
mancebo en días, pero gran soldado. [...]
Mi amigo tiernamente me abrazaba,
y, con tenerme entre sus brazos, dijo
que del estar yo allí mucho dudaba;
llamome padre, y yo llamele hijo;
quedó con esto la verdad en punto,
que aquí puede llamarse punto fijo.

Y a pesar de que, desde hace tiempo, la crítica ha demostrado que este «padre» y este «hijo» son antes expresión de afecto y cercanía que no de parentesco en el Nápoles de aquella época y en el de hoy, aún podemos leer en algunos portales oficiales, como en la Biblioteca Virtual del Patrimonio Bibliográfico del Ministerio de Cultura, que «todavía como soldado, en 1573 y 1574 visitó Sicilia y Nápoles; en esta última ciudad tuvo un hijo —llamado Promontorio—, con una joven a la que Cervantes denominaba "Silena" en sus poemas». Ahí está escrito. Que internet no engaña.

¿Y en Argel nuestro *latin lover* se quedó quieto? Aquí las oportunidades de amantes femeninas son menores que las sodomitas, pero siempre hay un roto para un descosido.

¿Te acuerdas de la *Historia del cautivo*, esa «novela» que aparecía en la primera parte del *Quijote* y de la que hablamos al principio de nuestro viaje como uno de los pilares para construir el Cervantes-personaje? ¿Te acuerdas de quién era la enamorada del capitán Ruy Pérez de Viedma? En efecto, Zoraida, la hija del rico renegado Agi Morato. Pues sí, como has podido suponer a estas alturas de nuestro viaje, Zoraida saldrá de las páginas escritas por Cervantes para transformarse en algunas biografías en su enamorada real durante el cautiverio de Argel, una más de las mujeres que cayeron rendidas a sus pies. Con el personaje de Zoraida convertida en enamorada de Cervantes, algunos biógrafos mataban dos pájaros de un tiro: por un lado, mostraban que eran falsas las posibles acusaciones de «cosas graves», como la sodomía, de las que se le podía acusar a Cervantes (como si el sexo fuera una cuestión de blanco y negro, de decisiones unívocas, de prácticas en compartimentos estancos); y por otro lado la convertían en madre de Isabel de Saavedra, la hija natural de Miguel de Cervantes, como veremos más adelante, por lo que los amoríos de Cervantes ni eran adúlteros ni lo eran en fechas cercanas a su matrimonio con Catalina de Salazar. ¿Qué fue de Zoraida a su vuelta a España, convertida en la María cristiana? ¿A quién le importa lo que ella haga? ¿A quién le importa lo que ella diga? Ya ha cumplido su papel en el relato heroico del mito Miguel de Cervantes.

El 19 de diciembre de 2015, el archivero José Cabello, a quien ya hemos citado en varias de estas páginas por su infatigable labor de dar a conocer nuevos documentos cervantinos, publicó varios que había descubierto en el Archivo General de Indias, y entre ellos destacaba un poder notarial firmado en 1593 en Sevilla por el que Miguel de Cervantes facultaba a Magdalena Enríquez a cobrar su salario como comisario real de abastos.

¿Y quién es esta última mujer que aparece ahora en la vida de Miguel de Cervantes? Una mujer casada que podría tener una estrecha relación con Cervantes tanto por su trabajo, empresaria bizcochera, que suministraba importantes cantidades de bizcocho para el abastecimiento de los galeones de la Armada y Flota de las Indias, así como por compartir su círculo de amistades: vivía en la misma calle en que Tomás Gutiérrez, buen amigo de Cervantes, regentaba una de las casas de huéspedes más requeridas de Sevilla.

¿Y qué relación podría haber entre Miguel y Magdalena?

El archivero en el momento de su descubrimiento en 2015 no concretaba nada más que «una relación personal especial», acompañada de una sonrisa pícara.

¿Una nueva conquista para la cuenta del *latin lover* Miguel de Cervantes?

Es la misma pregunta que se hace Andrés Trapiello, el mejor traductor del *Quijote* al español moderno de todos los tiempos, al conocer este descubrimiento:

> ¿De qué naturaleza fueron los tratos con Magdalena Enríquez, bizcochera de la Armada, amorosos, mercantiles? ¿Llegaremos a conocerlos? Poco probable. En todo caso, bienvenida a casa y gracias por recordarnos una vida de la que Cervantes jamás levantó ni un falso testimonio, pese a ser a menudo tan desdichada.

Y el programa de corazón no da para mucho más, aunque hayan sido cientos las páginas que se han escrito en estos siglos sobre posibles y probables amantes de Cervantes. Y los periodistas del corazón a lo largo del tiempo han señalado diversos amoríos de nuestro particular *latin lover* a partir de dos caladeros: por un lado, las mujeres reales de las que se habría enamorado, y a las que hace un particular homenaje convirtiéndolas en personajes de sus obras de ficción —que, en realidad, tienen su origen en tradiciones literarias que compartía con los lectores de su época—; y por otro, amores que no son más que invenciones para llenar de sentido a leyendas biográficas cervantinas que solo se justifican en ese siglo XVIII sin datos documentales a los que hincarles el diente.

¿Fue requerida de amores por Cervantes la «Dulce Ana», que no es otra que Ana Martínez Zarco de Morales de El Toboso, de la que se enseña su casa en esta localidad, y que dio origen al personaje de Dulcinea del Toboso?

¿O quizá hemos de pensar en otros orígenes para el personaje de Dulcinea? En Ulcinj, un pequeño pueblo de Montenegro, se erige una estatua de Cervantes en recuerdo de su cautiverio (olvídate por un instante de Argel en estos momentos). La leyenda de transmisión oral hasta nuestros días mezcla datos de la vida de Cervantes como si fuera una entrada de Wikipedia: después de la batalla de Lepanto, Cervantes fue hecho preso por unos piratas «organizados y peligrosos» y llevado a este pueblo, donde fue muy conocido con el nombre de Servet. En esta prisión —pues como se dice en el prólogo de la primera parte del *Quijote*, esta obra «se engendró en una cárcel, donde toda incomodidad tiene su asiento y donde todo triste ruido hace su habitación»—, tuvo la inspiración para escribir su obra cumbre. ¿La prueba del algodón? En el siglo XVI el pueblo de Ulcinj tenía otro nombre: Dulcinium. Y en este Dulcinium, antes de llegar a Argel, se enamoró de la hija del gobernador. Cervantes nunca olvidó este gran amor de juventud y le hizo el mayor homenaje que se le puede hacer al lugar que te ha visto amar con tanta intensidad: convertirlo en personaje literario, en mito literario.

¿Dónde está Cervantes, el Cervantes-hombre?

Bueno, no sé si es el calor del verano en que termino de escribir estas páginas, o que me paso «las noches leyendo de claro en claro, y los días de turbio en turbio», pero creo que este programa de corazón del *latin lover* Cervantes no da para mucho más... para nada más razonable.

Se hace necesario cambiar el rumbo y acercarnos a la única de las amantes que conocemos de Cervantes, al margen de su mujer Catalina, porque haberlas haylas. ¿O te habías creído que nos íbamos a conformar solo con teorías más o menos descabelladas?

Resquebrajando el mito: el escándalo de la tabernera Ana Franca

El problema de los mitos es que son de bronce y de mármol: impermeables a la vida. La naturaleza del mito está en hacer visible determinados modelos de una sociedad encarnados en un personaje, en un gesto, en una situación.

El mito del Cervantes heroico y ejemplar se alza como demostración del éxito de un determinado modelo cristiano y nobiliario de entender la sociedad, donde la «honra» se constituye como una piedra fundacional. Los mitos se alimentan de consignas, de ideas, de proclamas y de sermones. A la vida cotidiana, la que vivimos día a día, llena de contradicciones y de matices, de pequeños deslices a las normas impuestas, le queda muy lejos el mito. No le interesa el ideal impuesto por el poder.

¿Qué hacer cuando la vida cotidiana aparece de pronto en un documento contradiciendo la imagen perfecta del mito? ¿Cómo reaccionar ante una pequeña grieta en el mármol y en el bronce de la imagen ejemplar y heroica de Cervantes que se ha ido construyendo a lo largo del siglo XVIII?

Esta nueva grieta tiene un nombre: Isabel de Saavedra, hija natural de Cervantes, fruto de sus amores adúlteros con Ana Franca, la mujer de un tabernero madrileño.

¿Cómo incorporar a la trama de ficción un relato mítico que se está construyendo en estos momentos, ya que el descubrimiento de Isabel se data en el siglo XVIII?

Te pongo en antecedentes, una vez más.

Volvamos al Valladolid de 1605, a aquella tarde de junio en que se produjo un duelo a las puertas de una casa donde vivían, entre otros, los Cervantes. El alguacil que lleva a cabo la investigación toma testimonio a todos los habitantes de la casa. Cuando le pregunta a Magdalena con quién vive, declara «que posaba con su hermano Miguel de Cervantes y doña Andrea su hermana, y que allí están las dichas doña Isabel, que es hija natural del dicho su hermano, y doña Constanza, hija legítima de dicha doña Andrea». ¿Una hija natural?, se preguntaría Juan Antonio Pellicer en el siglo XVIII, uno de los primeros que dio a conocer este documento. Y páginas después le toca el turno de declarar a la propia Isabel que dice llamarse «doña Isabel de Saavedra, hija de Miguel de Cervantes, y es doncella, y de edad de veinte años». ¿Veinte años? ¡Eso significa que nació en 1585, justo el año en que se casó Cervantes con Catalina de Salazar!

¿Cómo conjugar esta demostración de la sexualidad de Cervantes con la imagen mítica que se está construyendo de él, donde el sexo ha quedado reducido a la nada, y su imagen es un dechado de virtudes? Miguel de Cervantes, ¿amante de una mujer casada a la que deja, además, embarazada?

Martín Fernández de Navarrete en 1819, en su trascendental biografía cervantina, consiguió la cuadratura del círculo con un doble movimiento. Y ya verás cómo se las gastaban en la época para defender el mito Cervantes.

¿Primer movimiento? ¿Hemos de creer que Isabel tenía en 1605 veinte años?

¿No es verdad que a las mujeres, sobre todo a las solteras, les gusta aparentar menos edad de la que tienen? ¿No habría mentido Isabel y, en realidad, tenía veintitrés o veinticuatro en 1605? Así cambiamos de escenario: del Madrid de 1585 nos vamos a Lisboa de los años anteriores, donde alguna dama portuguesa cayó rendida de amor en los brazos de Cervantes. Vale la pena recuperar el fragmento en que Martín de Navarrete hace piruetas circenses para justificar su teoría:

> Hemos creído que Cervantes durante su residencia en Portugal se apasionó y fue correspondido de alguna dama portuguesa, de cuyo trato resultó esta hija, llamándola Isabel por ser nombre tan predilecto y de tanta devoción en aquel reino, a causa de contar a Santa Isabel en el catálogo de las reinas; conjetura que se confirma con las expresiones y elogios que hizo de Portugal, y particularmente de Lisboa, y del amor y hermosura de sus mujeres. Habiendo pues residido allí Cervantes en los años 1581, 82 y parte de 83, podría su hija tener a mediados de 1605 de veinte y tres o veinte y cuatro.

Pero lo de «hija natural» sigue sin gustarles a los creadores de mitos ejemplares y heroicos, así que Navarrete va a «limpiar» esta grieta de manera definitiva con la vida de Isabel: en 1614 profesa una tal Isabel en el recién fundado convento de las Trinitarias de Madrid (en que años después serán enterrados tanto Miguel de Cervantes como Catalina de Salazar), que no puede ser otra que la hija natural de Cervantes, pues ¡ninguna de las dos sabía firmar!

Y si queda alguna duda sacamos el comodín de la tradición: «Apoyándolo además la tradición constante en la comunidad, de que lo fue en dicho convento la hija de Cervantes, igualmente que su madre natural, aunque de esta ignoramos todavía el nombre y las circunstancias».

¿Qué te parece? Así se ha conseguido tapar la grieta cervantina.

Aunque a Nicolás Díaz de Benjumea parece que no le es suficiente y que eso de «hija natural» hay que explicarlo de otro modo, surgiendo de su imaginación otra explicación, en donde no solo se niega la grieta, sino que se le da brillo al mito. En realidad, Isabel de Saavedra es una expósita que recoge Cervantes por caridad (apoyándose en numerosas citas de las obras cervantinas).

¡Hasta aquí podíamos llegar! ¡Un Miguel de Cervantes joven follador! Todo lo contrario: unas buenas capas «de hidalguía, de generosidad y de caridad» para dar nuevo lustre al mito Cervantes.

Y en esta misma línea de explicaciones hay que sumar la que defiende que, en realidad, Isabel de Saavedra es hija natural de Magdalena, y que Cervantes, para salvar el honor de la familia, la aceptó como propia. Argumento que han abrazado muchos de los defensores de la homosexualidad de Cervantes porque uno de sus argumentos para defender sus deseos homoeróticos es la impotencia cervantina, que se contradeciría con la existencia de Isabel.

Estos son los datos del mito, las estrategias felices para mantener intacto al mito Cervantes, pero ¿qué sabemos hoy de esta historia amorosa y sexual de Miguel de Cervantes, la única de la que tenemos noticia en sus detalles?

Isabel de Saavedra fue bautizada en Madrid el 9 de abril de 1584, hija del mercader Alonso Rodríguez y de su mujer Ana Franca (o Villafranca). La historia de Ana, como la de su hija Isabel, como la de las Cervantas, es la historia de cualquier mujer sin dote en esta época: una vida de supervivencia.

Vale la pena conocer algunos detalles de la vida de Ana Franca antes de caer en los brazos (y no solo) de Cervantes.

Ana Franca nació alrededor de 1563. Desde muy joven, y por sus penurias económicas, entrará al servicio de su tío, que era alguacil de Madrid, casado con Damiana de Alfaro, que en 1579 le deja a su sobrina 100 ducados de dote. Con este pasaporte económico, consigue Ana casarse con el mercader asturiano Alonso Rodríguez al año siguiente.

Alonso Rodríguez es uno de esos agentes de negocios, como el propio Cervantes, que emprende varias operaciones para ganarse la vida. Hacia 1582 o 1583 se hace con una licencia para abrir una taberna en la calle Tudescos. Y la cosa no había sido fácil, pues no solo estas licencias estaban muy solicitadas, sino que lo hacía en una de las calles más concurridas en la corte.

Este es el espacio y el tiempo de los amoríos de Miguel de Cervantes y de Ana Franca. Un espacio alrededor del negocio del vino y de los placeres del teatro, en los que Cervantes comenzaba a tener un nombre. Y cada día estoy más convencido —y ya te lo he escrito en otras ocasiones— de que será el vino el que también acercará a Cervantes a Esquivias, y allí a Catalina de Salazar, a la que será su esposa al poco tiempo.

En agosto de 1599 muere Ana Franca, dejando dos hijas huérfanas, «Isabel de Saavedra y Ana Franca», como aparece en el documento por el que nombraban a Bartolomé Torres su curador para que pudiera realizar todos los pleitos y demandas que ellas no podían llevar a cabo al ser menores de edad.

De Ana Franca no tenemos más noticias. De Isabel de Saavedra sí, pues a partir de este momento formará parte del núcleo familiar cervantino, al que llega con quince años.

Isabel de Saavedra desarrollará su vida como cualquier mujer del momento sin dote, como hemos visto al hablar de Andrea y de Magdalena: relaciones amorosas y matrimonios secretos para conseguir el dichoso dinero para poder casarse, matrimonios de conveniencia para poder crear su propio núcleo familiar —en este caso, el beneficiario será Luis de Molina, antiguo cautivo en Argel, con el beneplácito de su padre y de su amante, Juan de Urbina; e incluso una hija, ¡la nieta de Cervantes!: Ana de Saavedra, que morirá a los dos años de nacer.

Isabel de Saavedra será una mujer de su tiempo y una mujer con éxito: frente a los hombres Cervantes, que fueron un desastre con los negocios, por más que lo intentaron hasta debajo de las piedras, Isabel de Saavedra murió rica en septiembre de 1652, a los sesenta y ocho años: en su testamento mandó dar mil misas de alma y doscientas de testamento. ¡Una verdadera fortuna!

Sin duda, Ana Franca es la punta del iceberg de las muchas relaciones sexuales que mantuvo Cervantes a lo largo de su vida, en una sociedad donde el sexo estaba mucho más presente de lo que nos hacen creer las imágenes —sometidas al control de la Iglesia— en tantos testimonios de la época.

Ana Franca, frente a la mirada corta de la moral cristiana, no es tanto una casquivana tabernera que conquistó con sus «malas artes» a nuestro Cervantes, como un ejemplo más de la compleja realidad de la sexualidad durante los Siglos de Oro, a la que debemos acercarnos sin prejuicios religiosos ni sociales —que más tienen que ver con nuestras limitaciones que con sus posibilidades.

Una sexualidad donde los encuentros heterosexuales normativos y los de sexualidades divergentes pueden convivir en una misma persona, según las circunstancias de cada momento. No hay oposición ni enfrentamiento.

¿Importa tanto saber los nombres y circunstancias concretas de los amoríos y relaciones sexuales de Miguel de Cervantes, o profundizar en el conocimiento de la sexualidad de su época para así poder acercarnos al Cervantes-hombre?

XI. SUPERAR EL MITO DE PIGMALIÓN: HACIA LA RECUPERACIÓN DEL CERVANTES-HOMBRE

«Entre las ventajas que procura al crítico literario una experiencia creadora propia sobresale la de esclarecer y relativizar a un tiempo la tan debatida como estéril cuestión de los influjos y fuentes que concurren a la elaboración de un texto».

Con estas palabras comenzaba Juan Goytisolo su análisis de «las vicisitudes del mudejarismo en Juan Ruiz, Cervantes y Galdós» dentro de sus *Crónicas sarracinas*.

A lo largo de la escritura de estas páginas, de este viaje hacia el Cervantes-hombre compartido contigo, me he estado preguntando lo mismo: ¿hasta qué punto el José Manuel-hombre aparece en mis propios escritos, ya sea en mis libros de poemas, ya sea en mis ensayos? ¿Acaso dejo de ser poeta cuando escribo un ensayo literario o dejo de ser filólogo cuando me atraviesa un poema? Cuando me hablan de esta distinción, siempre recuerdo las palabras de Dámaso Alonso, para quien todo lo que hizo fue «creación literaria»:

> Hay una unidad en mi creación literaria, lo que ocurre es que tengo épocas en las que la poesía me arrastra, me separa de todo lo demás... y tengo otras en que la investigación me absorbe por completo. Nada más, así de simple. Yo creo que el fin de la Literatura es agitar el corazón y el pensamiento del lector y eso puede lograrse por varios caminos.

Al inicio de nuestro viaje, en una de las maletas, metimos la distinción que el propio Cervantes hacía entre poesía e historia, entre el ser poeta y el ser historiador, dos miradas ante el mismo hecho de la realidad.

> Uno es escribir como poeta y otro como historiador: el poeta puede contar o cantar las cosas, no como fueron, sino como debían ser; y el historiador las ha de escribir, no como debían ser, sino como fueron, sin añadir ni quitar a la verdad cosa alguna. (II, cap. 3)

¿Y dónde queda la realidad en esta doble mirada? ¿Qué es más real pasado el tiempo? Y fíjate que evito en todo momento hablar de verdad. ¿Acaso no es tan verdad el acontecimiento vivido que el recordado, que el evocado en la memoria de la creación literaria?

Sigo leyendo las *Crónicas sarracinas* de Juan Goytisolo y subrayo este párrafo, que me parece que describe mis propias sensaciones —que son las de cualquier creador:

> El gran escritor crea a partir de todo: su voracidad insaciable le impulsa al pillaje desenfrenado de librerías, museos, culturas: a penetrar en ellos como en terreno conquistado; a apropiarse sin remordimiento de lo que le interesa y conviene, a fundar en el trasvase, permeabilidad, ósmosis su única e irreductible especificidad.

Somos lo que vivimos.
Somos lo que sentimos.
Somos lo que leemos.
Somos lo que observamos.
Somos lo que nos cuentan.
Somos lo que imaginamos.

Somos lo que...

Y en este «somos» está el Cervantes-hombre.

¿Fue dejando Cervantes a lo largo de sus textos literarios indicios o señales de sus secretos, de su forma más íntima de ser? No nos olvidemos de que son textos nacidos en circunstancias muy distintas de su vida, a partir de impulsos creativos diferentes y en los límites de variados géneros literarios, que en la época constituían modelos literarios más vinculantes que en la actualidad. Textos que, como sus novelas ejemplares o sus obras de teatro, pudieron ser reescritos a partir de la experiencia del Cervantes-escritor anciano, que estaría, de este modo, contaminando con nuevas vivencias y puntos de vista aquellos iniciales que los vieron nacer años atrás.

Como has podido comprobar a lo largo de nuestra travesía, de la larga conversación que hemos mantenido en estas páginas, no creo que la obra literaria sea el espacio en que los autores escondamos nuestros traumas o nuestros secretos más íntimos, ese yo que ni a nosotros mismos queremos enseñar. Solo en casos muy excepcionales se puede justificar este tipo de acercamientos críticos.

En más de una ocasión en estos meses de escritura, he levantado los ojos del ordenador y he mirado por la ventana preguntándome: ¿hasta qué punto mi condición de homosexual —aceptada y pública— influye en mi obra literaria?

¿Realmente escribo como lo hago, elijo los temas o su desarrollo en diferentes géneros literarios por ser homosexual?

¿Hay una relación entre escritura y orientación sexual?

Y de existir, ¿podríamos extrapolar esta relación a la literatura y las prácticas sexuales, teniendo en cuenta la gran diferencia entre nuestra época y los Siglos de Oro?

Leo a Lorca, Cernuda, Gil de Biedma, e incluso a Gloria Fuertes, Aleixandre o Javier Lostalé, y me siento partícipe de una condena de silencio: «Si el hombre pudiera decir lo que ama»...

Pero ¿se sentirán los jóvenes poetas gay, lesbianas, trans, *queer*... partícipes de esta cadena de silencio ahora que pueden escribir sin máscaras, sin buscar espacios de libertad entre las distintas acepciones de una palabra?

Yo he escrito en lugares y tiempos poco propicios para el amor homosexual... y, aun así, me sigo haciendo la pregunta: ¿acaso mi condición sexual es elemento esencial para comprender mi poesía? ¿No lo será tanto o más mi nacimiento en una familia sin recursos, con el ruido marítimo de la máquina de coser de mi madre que no podía dejar de trabajar para poder llegar a fin de mes? ¿O quizá el hecho de haber perdido a mi padre a los doce años? ¿O mis lecturas, ese ejemplar de *El extranjero* de Camus que cayó en mis manos a los trece años o la obsesión de leer completo *Seis personajes en busca de autor* de Pirandello después de haber leído un fragmento en nuestro libro de literatura de Senda? ¿O el haber vivido toda mi infancia en una casa sin libros, más allá de la magnífica colección de literatura de RTVE y haberme convertido en «bibliotecario» de la biblioteca de mi colegio de la EGB porque no sabía ni quería jugar al fútbol? ¿O los amigos que tuve en el instituto, Salvador y Alberto, con quienes hablaba y nos escribíamos en latín para así sentirnos especiales, ya que todos nos hacían sentir unos raritos, y con los que terminé creando la primera revista literaria del instituto, *CRAS*?... Y no sigo abusando de tu paciencia porque creo que ya está todo dicho.

Si queremos llegar a conocer al Cervantes-hombre, o, al menos, llegar a intentar comprenderlo, acercarnos a él, no debemos dejar a un lado ese espacio tan íntimo como es la sexualidad. Esta es una de las lecciones que nos dejaron los creadores del efímero

Cervantes-mito homosexual. Pero estos estudios, esta necesidad de acercarnos a la sexualidad de nuestros autores no lo es tanto para conocer —o intentar acercarnos— a prácticas sexuales concretas —y se me vienen a la cabeza las pobres posaderas de Sancho Panza convertido en un icono gay— sino las circunstancias en que pudiera desarrollarse su sexualidad en general y variadas prácticas sexuales en particular.

Y de nuevo, el tiempo, ese constructor, ese concepto que es necesario rescatar en los estudios literarios, se nos presenta como el camino a seguir. Conocer el tiempo de la escritura, de sus costumbres, leyes, cotidianidad para poder comprender las circunstancias en que desarrolló su vida y su literatura.

Pero, entonces, ¿Cervantes fue homosexual o tuvo relaciones sodomitas a lo largo de su vida? Esta pregunta solo puede contestarse desde el conocimiento del tiempo de Cervantes, y no desde la mirada inquisitorial —como la de Jessica Fletcher en *Se ha escrito un crimen*—, que permite leer entre líneas lo que nunca fue escrito ni pensado.

Y vuelvo a ponerme como ejemplo.

¿Puede entenderse mi poesía sin tener en cuenta que nace en un periodo donde en mi juventud todavía la práctica homosexual era considerada un delito, donde entrar en un local gay era toda una aventura y las experiencias personales siempre había que traducirlas al femenino si las querías compartir y hacerlas públicas?

¿Puede entenderse sin tener en cuenta la liberación que supuso la aprobación del matrimonio igualitario en 2005, gracias a la apuesta de José Luis Rodríguez Zapatero, uno de los mejores presidentes que ha tenido este país?

¿Y no son mis textos actuales también una respuesta contra los vendavales fascistas que recorren nuestras plazas y que se abren camino en los parlamentos y en las horas consumidas en los medios de comunicación y en las redes sociales?

Del *Libro de horas*, mi primer libro publicado en el año 2000, hasta *El hombre al que amo*, el libro que he terminado en estos meses y que ha publicado con cariño y cuidado Antonio y Charo en su necesaria editorial Huerga & Fierro, hay una clara evolución a la hora de hablar de la homosexualidad.

¿Porque haya cambiado mi experiencia vital? Seguro que sí.

¿Porque han cambiado las circunstancias sociales y políticas en este país? Por supuesto.

¿Porque he ido enriqueciéndome con nuevas lecturas? No me cabe duda.

¿Porque...? Seguramente...

El hombre que yo amo
tiene unas manos grandes.
Manos que pudieran ser de panadero.
Manos confundidas con la tierra
y que de la tierra sacan sus mejores frutos.
Como ahora
de los libros.
Como ahora
de mi cuerpo.

Para acceder al Cervantes-hombre, para poder conocer mejor la sexualidad del Cervantes-hombre, como he querido mostrar en estas páginas y en las que me has acompañado con envidiable paciencia, no podemos limitarnos a un solo porqué, a una sola razón o a una única explicación. Somos mestizos, somos impuros, como nuestras obras literarias... No te olvides de lo que decía Juan

Goytisolo en sus *Crónicas sarracinas*: «No hay así influjos unívocos, ni fuentes exclusivas ni génesis: solo poligénesis, bastardeo, mezcolanza, promiscuidad»... y yo añadiría, mucho mariconeo.

Este nuevo viaje necesario para recuperar el sexo en la vida de Cervantes —ya sea el más normativo heterosexual como las posibilidades de algunas disidencias— puede semejarse al que emprendió Pigmalión, el rey de Chipre, que nos narra el siempre admirado Ovidio en sus *Metamorfosis*.

Como les sucedió a los primeros biógrafos cervantinos, Pigmalión termina por modelar una hermosa estatua de marfil, más hermosa que cualquier otra mujer, huyendo de las mujeres de carne y hueso, a las que aborrecía después de haber visto cómo se prostituían en algunas fiestas. Él no quería una mujer cualquiera: quería a la mujer perfecta. Igual que los primeros biógrafos cervantinos no querían conocer al Cervantes-hombre sino al Cervantes que había escrito el *Quijote*. Un Cervantes perfecto, ejemplar y heroico.

Con el paso del tiempo, los biógrafos y sus lectores terminaron por enamorarse de este Cervantes-mito, abrazándolo y besándolo, así como Pigmalión hacía con su estatua. Y es tanta su pasión que Pigmalión termina por soñar que esos labios de marfil que besa, esos brazos de marfil que acaricia o que ese cuerpo de marfil que abraza son los de una mujer de verdad. Sin serlo.

Igual que muchos biógrafos y estudiosos cervantinos han llegado a creer que estaban hablando del hombre Cervantes cuando lo hacían del Cervantes de marfil.

Pigmalión, entonces, le pide a Venus que le entregue por esposa a una mujer parecida a la de la joven de marfil. Una mujer de carne y hueso. Y Venus, apiadándose de su pasión y de su dolor, se lo concede... y los labios, los brazos y el cuerpo de marfil se vuelven carne. Se vuelven vida.

Así nosotros debemos solicitar a la historia, al tiempo, ese gran escultor, al conocimiento de la vida sexual en la época de Cervantes que nos conceda nuestro deseo: tener también delante de nuestros ojos al Cervantes-hombre.

Y si Pigmalión al besar a su estatua sintió que estaba templada, al acariciar sus pechos, que estos se amoldaban a sus manos y que sus dedos podían acariciar sus brazos, que eran como la cera caliente, alejada para siempre de la dureza perfecta del marfil, así nosotros podremos disfrutar del Cervantes-hombre, de esa nueva vida que le podemos conceder si recuperamos el tiempo de su existencia.

El Cervantes-hombre en el momento de morir, como diría Marguerite Yourcenar, comienza una nueva etapa, que con los siglos se ha llenado de bronce y de mármol, dando forma al Cervantes-mito.

Nos toca a nosotros, los Pigmaliones cervantinos del siglo XXI, hacer lo posible para devolverle a la estatua la calidez de la piel y el calor de la sangre y la fuerza de los músculos. Y solo alejándonos de los mitos podremos conseguirlo: ya sea del mito del Cervantes heroico y ejemplar o del mito del Cervantes homosexual.

Epílogo

Pero, entonces, Cervantes ¿era heterosexual o no?

¡Ay, amantísimo lector!, llegados a este momento final de nuestro viaje, tú mismo, ante tal pregunta (pero, entonces, Cervantes ¿era heterosexual o no?), te estarás preguntando: ¿hasta cuándo seguiremos simplificando un tema tan complejo como la sexualidad de Cervantes?

Entiendo que vivimos en un tiempo de titulares y de eslóganes, de mensajes que han de resolverse en 240 caracteres o en veinte segundos de vídeo, pero ¿vamos a seguir por más tiempo simplificando la realidad con estas preguntas?:

Pero, entonces, Cervantes, ¿era homosexual o no?

Pero, entonces, Cervantes, ¿era heterosexual o no?

Ante estas preguntas no existen las respuestas de titular de prensa, de un sí o un no categórico. El camino para avanzar en el conocimiento pasa por mostrar cómo se crean algunos mitos cervantinos, tanto el fundacional del Cervantes heroico y ejemplar como el más moderno de su homosexualidad, y al tiempo que comprobamos cómo es imposible conocer ni al hombre ni al escritor ni sus obras a partir de estos puntos de vista. Desde hace años vengo trabajando en poner las bases para avanzar en el conocimiento del Cervantes-hombre desde otros puntos de vista.

Cervantes es mucho Cervantes y no se deja reducir a una única respuesta y, mucho menos, a un sí o un no rotundo.

Y si ahora sigues con la idea de salir a la calle en defensa del Cervantes-mito —y me da lo mismo que sea el del Cervantes ejemplar y heroico o el del Cervantes homosexual—, allá tú si quieres hacer el ridículo.

Estás utilizando armas antiguas para enfrentarte a las aventuras críticas del presente, igual que Alonso Quijano utilizó las armas de sus bisabuelos para convertirse en don Quijote de la Mancha.

Y si, con esta analogía, te crees animado a ser un *quijote*, recuerda que don Quijote es digno de toda alabanza no por las armas ridículas (e inútiles) que llevaba sino por todo lo que había aprendido en la literatura, en sus queridos libros de caballerías, que de su mano vuelven a ser lo que fueron en sus orígenes: un manual de conducta, un «espejo de príncipes».

Te lo repito: si quieres hacer el ridículo, allá tú, pero salir a la plaza pública de la investigación en el siglo XXI enarbolando argumentos ya superados por la crítica, no es la mejor manera de comprender de verdad a Cervantes.

Después de nuestra travesía queda claro que la defensa de la supuesta homosexualidad de Cervantes no se puede seguir planteando a partir de los argumentos que se han presentado hasta ahora. No hay ninguna prueba irrefutable con la que defender esta falsa hipótesis. Las investigaciones de los años ochenta del siglo XX son líneas de trabajo que se abrieron hace cuarenta años y en las que debemos seguir profundizando, pero cuyos resultados concretos han sido superados por la ciencia que ha demostrado la falsedad de sus planteamientos iniciales y el espíritu homófobo de algunos de ellos.

Si algo ha dejado claro nuestro viaje es el potencial (y la necesidad) de profundizar en el estudio de la sexualidad en la época de Cervantes, que va a tener un reflejo en su obra, no tanto para dar cuenta de sus experiencias o traumas personales, como por ser una muestra más de la complejidad de una sociedad que disfruta del sexo con una mayor libertad y variedad de la que les gustaría a los moralistas desde sus púlpitos o desde sus obras doctrinales.

¿Por qué será que al poder, en cualquier época, siempre le molesta la libertad?

Comprender a Cervantes debe ser la meta que todavía está llamando a las puertas de nuestra investigación ¡después de casi trescientos años de su primera biografía!

Y para comprender a Cervantes le hemos de situar en su época, le hemos de ver vivir en su época; y una vida llena de dudas y de contradicciones, de aciertos y de errores, de luces y sombras, de lealtades y de traiciones, de todo lo fascinante que tiene la vida, la vida que le tocó a él vivir en ese momento esencial en nuestra cultura y en nuestra historia, que son los Siglos de Oro, como la vida que vivimos nosotros, también en una época de grandes cambios y transformaciones, y de dudas y de miedos por la vuelta de algunos de los monstruos más sangrientos del siglo XX como son los fascismos.

Una vida complicada, pero siempre fascinante.

¡Y más cuando uno es capaz de levantar una obra literaria grandiosa como la que nos legó el hombre Miguel de Cervantes!

Como he repetido a lo largo de estas páginas, hemos de recuperar el tiempo como elemento esencial de análisis y de comprensión, *el tiempo, ese gran constructor.*

Cuando mis alumnos me preguntan sobre la modernidad del *Quijote*, siempre les respondo lo mismo: uno de los grandes hallazgos de Cervantes es sacar a sus personajes de las limitaciones del estereotipo para darles libertad en sus movimientos y en sus decisiones. De este modo, bien podemos decir que los personajes cervantinos *viven* en sus obras, en especial en el *Quijote*.

¿Y qué significa este *vivir*?

Pues lo que todos intentamos hacer: ser coherentes y permeables a las experiencias y las circunstancias que nos van sucediendo en la vida.

Y así don Quijote y Sancho terminan siendo como nosotros: se transforman a medida que vamos pasando las páginas de su libro y ellos van acumulando aventuras y experiencias, que no dejan de compartir en necesarios diálogos. De este modo, también nosotros nos transformamos cuando vamos cumpliendo años y atesoramos nuevos recuerdos de vida.

Y este vivir es novedoso.

Una revolución: «Yo sé quién soy», que dirá don Quijote.

Y este vivir solo pudo ser entendido con el paso de los siglos. ¿Te acuerdas de cómo los afrancesados despreciaban el *Quijote* de Cervantes justo porque no acataba el decoro de los personajes, mantener su naturaleza de estereotipo?

Pues ha llegado el momento de hacer vivir también a Cervantes, de romper los estereotipos con que se ha ido construyendo ese Cervantes-mito, que ya no interesa a nadie; ni el Cervantes-mito heroico y ejemplar ni el Cervantes-mito homosexual.

Solo podremos conocer a Cervantes-hombre —y la sexualidad es uno de los aspectos de su vida que nos ha de interesar, como otros tantos que le convierten en lo que es—, si comprendemos a Cervantes en su tiempo, en su época, en su tradición literaria y cultural.

Nuestro viaje termina en el salón de plenos de la Real Academia Española, en esta casa de afrancesados que vio con cierta distancia el nacimiento del Cervantes-mito y que, con el tiempo, se ha convertido en uno de sus máximos difusores. Presidiendo el salón, debajo del retrato de su rey borbónico que le regaló el título de Real, está el retrato de Miguel Cervantes: «Este que veis aquí, de rostro aguileño, de cabello castaño, frente lisa y desembarazada, de alegres ojos y de nariz corva, aunque bien proporcionada...», etc.

Este es el mejor retrato, el más famoso, del Cervantes-mito, ese que incluso tiene escrito un «D. Miguel de Cervantes Saavedra» que es la firma de su falsedad.

Fototipia de Hauser y Menet del retrato de Miguel de Cervantes.
Procede de Alejandro Pidal y Mon, *El retrato de Cervantes*,
Madrid, Real Academia Española, 1912
(colección del autor).

Este cuadro, la mejor representación del Cervantes-mito, fue la pieza central de la exposición que le dediqué a Cervantes en la Biblioteca Nacional de España en 2016, el año del recuerdo de los cuatrocientos años de su muerte.

Pero quise que estuviera colocado a la altura de los ojos. Que por los meses en que permaneciera expuesto, lo pudiéramos tener frente a frente, imaginando ese momento de estar delante del Cervantes-hombre.

Algo del Cervantes-hombre siempre queda en la representación artística de este Cervantes-mito.

Frente a frente, por fin.

Y este debe ser el viaje que has de emprender solo, curioso lector.

Dejar atrás los mitos de Cervantes y comenzar a mirarle a los ojos, cara a cara, recuperar al Cervantes-hombre para así poder admirar y sorprenderte aún más de la soberbia construcción literaria que nos ha regalado. Una obra que hemos de disfrutar sabiendo que ha sido escrita por un poeta y no por un historiador.

En este viaje nos encontraremos en el camino.

También puedes quedarte con el Cervantes-mito o profundizar en el Cervantes-personaje, que son asimismo viajes apasionantes; o acercarte a los tres, sin renunciar a ninguno.

Pero este es un viaje que, repito, lo has de comenzar tú solo.

Hasta aquí nuestro viaje juntos.

Ha llegado el momento de la despedida y poner punto final a este viaje compartido.

Seguro que coincidiremos en otra aventura similar, pues ya se sabe que Cervantes es mucho Cervantes.

Vale.

PARA SABER MÁS

Muchos de los datos expuestos en estas páginas forman parte de los tres volúmenes que le dediqué a Miguel de Cervantes y que publicó la editorial Edaf: *La juventud de Cervantes* (2016), *La madurez de Cervantes* (2016) y *La plenitud de Cervantes* (2019). Llevan estas mil páginas un subtítulo general: «Retazos de una vida en los Siglos de Oro», pues era mi intención superar el pecado original de todas las biografías anteriores (y alguna posterior) y devolverle el tiempo al Cervantes-hombre en «Una vida en construcción», «Una vida en la corte» y «Una vida de papel». Este libro que tienes entre las manos puede leerse como continuación de la investigación emprendida entonces, donde se muestra la utilidad del método filológico cuando se conjuga con la historia. El mejor antídoto contra los iluminados, que no son capaces de superar el fetichismo del documento o se inventan teorías peregrinas por desconocimiento de la literatura, las costumbres, las leyes y los usos de la época.

Durante los años de la escritura de mi particular acercamiento biográfico cervantino dialogué con las mejores biografías cervantinas que se habían escrito por ese tiempo, como las de Jean Canavaggio, Alfredo Alvar, Jorge García López y Javier Blasco, y que han sido también esenciales a lo largo de la escritura de este nuevo libro. Las nuevas biografías que han aparecido en el mercado a partir de entonces creo que no aportan nada nuevo —incluso algunas retoman argumentos del siglo XIX ya superados por el cervantismo científico—, por lo que son totalmente prescindibles.

Para el análisis del cautiverio argelino, han sido esenciales los libros *Cervantes y la Berbería* de Emilio Sola y José F. de la Peña

(Fondo de Cultura Económica, 1995), *Cervantes en Argel. Historia de un cautivo* de María Antonia Garcés (Gredos, 2005), *Cautiverio y convivencia en la edad de Cervantes* de Natalio Ohanna (Centro de Estudios Cervantinos, 2011) y *La «Información en Argel» de Miguel de Cervantes: entre ficción y documento* de Pina Rosa Piras (Centro de Estudios Cervantinos, 2014), donde se pueden encontrar las referencias esenciales sobre el tema. La lectura de la *Información de Argel* la he realizado a partir de la última edición, la elaborada con el esmero que le caracteriza por Adrián J. Sáez (Cátedra, 2019). Para conocer a los compañeros portugueses de Cervantes, tanto dentro como fuera de Argel, en especial la figura de Antonio de Sosa, es de consulta necesaria el estudio del siempre certero Aurelio Vargas Díaz-Toledo: *El entorno portugués de Cervantes* (Escolar Editores, 2024).

Además de los trabajos imprescindibles de Rafael M. Mérida, a los que te remito con entusiasmo, me he servido de otros libros recientes para enmarcar el tema de la homosexualidad en esta época, de los que destaco tres: *Amor y sexo en el Siglo de Oro* de Luciano López Gutiérrez (Abada, 2019), la *Historia de la homosexualidad masculina en Occidente*, editada por Francisco Vázquez García (Catarata, 2022) y el imprescindible *Contra la estirpe de Sodoma* de Rafael Carrasco (Institució Alfons el Magnànim, 2022), donde el lector interesado encontrará las referencias bibliográficas pertinentes. También esencial para el tema de las imágenes sodomitas en la literatura de la época ha sido la consulta de *El imaginario de la poesía erótica en los Siglos de Oro* de Álvaro Piquero (Peter Lang, 2023).

Estas son las guías esenciales para adentrarse en los diferentes temas que se tratan en este libro. No te voy a abrumar con los trabajos concretos que he ido leyendo y de los que tanto he aprendido en estos meses, solo dejaré constancia de los amigos y compañeros que me han sido de gran ayuda, que han respondido a mis consultas y han resuelto más de una duda, y siempre me han guiado, como los verdaderos faros de esta travesía, ya sea con su palabra o ya sea con sus escritos: Eduardo Aguirre, José Cabello Núñez, José Ignacio Díez, Benjamín Escalonilla, Ruth Fine, Javier García Mouriño, Gastón Gilabert, Gloria Gutiérrez, Abraham Madroñal, Emilio Maganto, Jacob Mompó, Alfonso Mateo-Sagasta, Rafael M. Mérida, José Montero Reguera, Melquiades Prieto, Vicente Sánchez Moltó, Cecilia Tarruell Pellegrin o Juan Diego Vila. A todos ellos, gracias. Como siempre. Para siempre.

Como gracias a Pablo Peinado, por ser el instigador de este libro, así como a Pablo Moro, cómplice y compañero en este y otros tantos viajes de vida.